ひとあし ひとあし 前へ

――この子たちと歩んだ37年

岩崎正芳 著

解放出版社

はじめに

『ホームレスの同窓会』――私の退職記念公演にと、Cが書いてくれた脚本だ。二〇一七年三月一九日、三七年前に新任として赴任したM中の体育館で上演することになった。

私が教員生活をスタートしたのは一九八〇年四月、戦後第三の非行の波がM中にもおしよせてきた頃だ。やんちゃな少年グループの一人であったCは、私がはじめて担任をした二年三組の生徒だった。中学卒業後、Cは、地元の課題集中校にかろうじて入学したのも束の間、暴力事件を起こして退学。その後、職を転々としながら暮らしていたが、酒に溺れ、アルコール中毒寸前までいったという。字を書くこともできなくなっている自分に気づいたCは酒を断ち、少しずつ文字を綴り始める。そんなCが、四八歳になって書いた原稿用紙五二枚の私小説の表紙には、「二三才教師の言葉　俺は誰に笑われようと　無駄だ

と言われようが　湖に石を投げ続ける」と、教員なりたての私が、子どもたちに語っていたという言葉が記されていた。「抵抗する小石でいたい」「創造する小石でいたい」、そんな気負いをストレートに子どもたちにぶつけていたのだろう。罪深い仕事だと思った。裏切らない生き方をしていかなければと改めて思った。Cは、一昨年、私が一市民として関わっていたある劇団の戦後七〇年特別企画『神風特別攻撃隊　魂を刻む声』を、中学時代の仲間のBと観に来てくれた。特攻を命じる上官役の私のせりふに感銘し、公演終了後のロビーで、「先生、すげぇ良かったすよ」と満面の笑顔で寄ってきた。そして、間もなく、前記の脚本を書く。舞台に立つのは、CとB、I、私の四人だけの、三〇分足らずの短い劇だ。『魂を刻む声』の上官のせりふを「すげぇ良かった」と言うCは、『ホームレスの同窓会』の舞台でこう語る。「俺は、赤紙が来たら潔く戦地に行くよ。親に生きて帰ってねなんて言われたら、戦場でメソメソ逃げ回ることになる。それならいっそ死んでこいと言われた方がノビノビと戦えるよ」。私はこう語る。「教え子を再び戦場に送らない。それが戦後教育の原点なんだ。その思いだけは持ち続けてきた。そして、お前らのこともそうだけど、由美ちゃんや正志、優君、誠、麻衣たち、被差別の立場にある子どもに寄り添い歩んできたことが、先生の小さな誇りなんだ」。

二〇一七年三月三一日。三七年間の教職生活は終わる。三七年間、愚直に、抵抗と創造の仕事を重ねてきたという自負はある。いや、ささやかな誇りは、由美ちゃんや正志、優君、誠、麻衣たち、被差別の立場にある子どもに寄り添い歩んできたことだけだ。「苦しみ悩み、のたうちまわりながらの彼らとの歩みを刻んでおきたい」。そんな思いだけで書いた。

「……今、この国は、あの時と同じような愚かさのうちにないか。教職生活三七年、出会った教え子たちは今、どこにどう立っているだろうか。生き続けてくれていればいいと思う。教え子たちよ、君たちは銃をとるな。生きることに固執せよ」（『ホームレスの同窓会』）。

目次

はじめに…… 3
1 母の死…… 9
2 日教組の旗の下に…… 14
3 Hとの出会い、Nとの出会い…… 29
4 学年劇…… 47
5 結婚、新婚旅行、育児休暇…… 52
6 もうひとつのむらへ…… 70
7 Yのこと——この子の力を信じて歩んでいきます…… 101

8　父の死……131
9　Tと歩む――もう一度、このむらの教師として……163
10　エドたちと歩んだ三年間……181
11　最後の担任……201
12　Uたちと立ち上げた子ども会……219
おわりに……235

1　母の死

学生運動の空気が色濃く残るキャンパス。社会矛盾に真摯に向き合う仲間の姿に刺激されながらも、私の京都での大学生活は、小さな劇団に所属しその活動にのめり込んだ四年間だった。一切の勉強もせずに受けた教員採用試験は当然不合格。一九七九年四月から埼玉に戻り、小学校での夜の宿直員の仕事をしながら、勉強に明け暮れる日々を送っていた。

何月だっただろうか。それは突然のことだった。母が倒れ、緊急入院。白血病が進行していて、医者から一ヵ月半の余命宣告を受けた。可能性があるとすれば、危険を伴うが、血液をすべて入れ替えることだと。血液を提供してくれる人を確保するため、夜の薄暗い職員室の片隅で、一人必死の思いで知人に電話をし続けた。幸い母は一年半ほど頑張り、教員採用試験に合格してM中に赴任したことも伝えることができた。しかし、母の病状は日に日に悪化。見舞いに行くたびに、髪は薄れ、体中に紫色の斑点ができ、出血もひどく

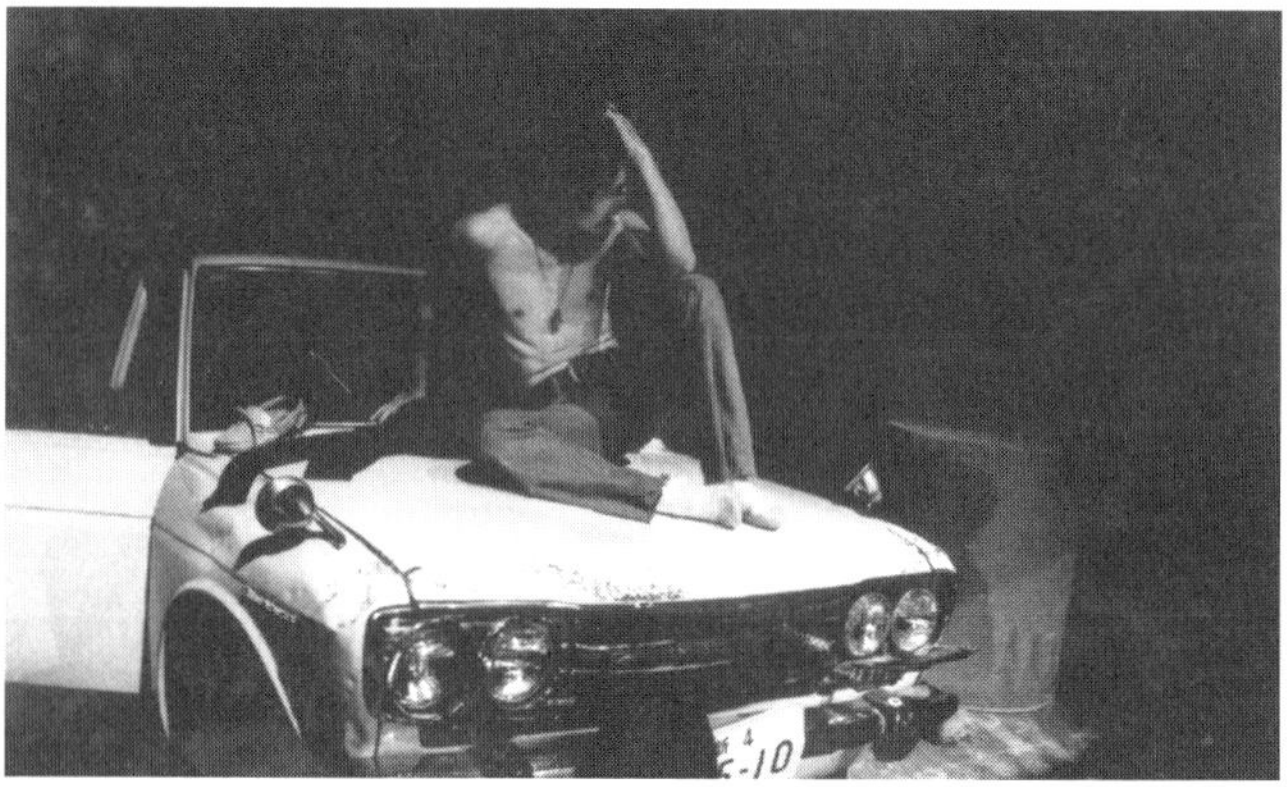

「僕らは生まれ変わった木の葉のように」（作・清水邦夫）。
京都小劇場にて。

なるばかりの母の姿を見ることは辛かった。一九八一年三月三日。夜中の二時ごろ、看病にあたっていた姉からの電話で東京の病院にかけつけた。あの時のタクシーの運転手さんのこと、そして、間もなく五一歳で絶命した母の姿と私の思い……。一二年経った時に担任していたクラスの学級通信にこう綴った。

……先生にとって、6回目の3年生。W中に転勤してはじめての卒業生です。忘れられない3年1組36人の仲間です。10年後の君たちは、きっと、先生の最初の卒業生が10年経った今そうであるように、それぞれの道をしっかり歩んでいてくれることでしょう。……

1ヵ月ほど前の学活で、3月3日のことを語らせてもらいました（先生のおふくろの死――1981年3月3日。全国水平社の結成――1922年3月3日）。

先生のおふくろの死に目に会わせてくれた12年前のあのタクシーの運転手さん（夜中の2時過ぎ、おふくろの看病にあたっていた姉からの、おふくろ危篤との電話で、東京の病院にかけつけなければならなかった先生を、仕事を終えて洗車していた運転手さん〔きっと、うんと疲れていただろうと思います〕が、猛スピードで車を走らせてくれたのです。午前3時過ぎに病院にかけつけた時には、もう、おふくろは虫の息でした。白血病だったおふくろ。とても苦しんだ後、息をひきとったのは、それから数分後でした。猛烈に涙があふれてきそうな思いを、くちびるをかみしめてこらえたことが、今でもはっきりと思い出されます。でも先生は、今もその運手さんに心から感謝しています）のように、あったかい人間になってくださいと。

帰宅する途中の電車の中で、ああ、今日は水平社結成の日だったなと、ふっと思ったのでした。偶然おふくろの死と月日が重なっていただけだけれど、部落解放運動に関わりはじめていた先生には、決して無関係とは思えなかったのです。数百年もの長い年月にわたって差別、抑圧され続けてきた被差別部落の人々が、この日、どんな思いで、一切の差別を許さぬ闘いに立ちあがったのか。しかし、今もまだ後を絶たない差別の現実。

先生のおふくろは被爆者ではないけれど、どれだけ多くの被爆者が、おふくろと同じ白血病の苦しみの中で亡くなられていったことか。そして、被爆者の方々の切実な願いである被爆者援護法も制定されない現実。

そんな世の中の暗闇の中にあっても、君たち一人ひとりが荒野に〝すいみゃく〟を求めていく人間であってくださいと。

明後日は、県公立高校の合格発表です。どういう結果であろうと、今日まで積み重ねてきた36人の友情を大切に、互いの頑張りを認め合い、自分の進路に誇りをもって、笑顔で3月16日を迎えてほしいと思います。そして、3年1組で培った力を土台に、真実のみに忠実に、それぞれの場で、世の中に誠実に貢献していける〝すいみゃく〟であり続けてください。

〝我々は、かならず卑屈なる言葉と怯懦なる行為によって、祖先を辱しめ、人間を冒瀆してはならぬ。そうして人の世の冷たさが、何《ど》んなに冷たいか、人間を勦《いた》はる事が何《な》んであるかをよく知ってゐ《い》る吾々は、心から人生の熱と光を願求禮讃《がんぐらいさん》するものである。水平社は、かくして生れた。人の世に熱あれ、人間に光あれ。〟（水平社宣言）

（一九九二年度W中卒業生　三年一組学級通信「すいみゃく」一九九三年三月三日）

最もしんどい子と関わりたい、つながりたい。母の死を契機に私は、勤務していたM中の校区の被差別部落に借家を借りて住み、生活まるごと、子どもたちと関わり始めた。私の借家は、いつのまにか子どもたちの居場所、たまり場になっていった。

2　日教組の旗の下に

就職したら労働組合に所属する。議論の余地などない民主主義社会の前提だ。ましてや、未来を子どもたちにバトンタッチする教職員の仕事である。自分の権利を仲間と力を合わせて守ろうとすることなしに、どうして誠実な教師でありえようか。子どもたちを幸せにすることができようか。

私は、M中に赴任した直後（一九八〇年四月二五日）に日教組（日本教職員組合）の一員になった。分会に参加しようと職員室を出ようとした時、教頭から、「岩崎先生、ちょっと……」と圧力がかかる。その瞬間、分会長を先頭にすべての組合員が校長室になだれ込み、管理職への糾弾会がはじまった。素敵な先輩たちだった。徹底した職場の民主化――縦わりの校務分掌にせず、主任を置かない。管理職に授業を持たせる。指導課訪問時の公開授業の拒否、全体会での問題の追及と内容の凌駕……。労働条件改善の不断の闘い――

なぜ　あの日は　あった　なぜ　いつまでも　つづく
忘れまい　あの　にくしみを　この　誓いを
（文化祭で制作したレリーフの前で。1984年M中卒業生　3年5組）

勤務時間延長時の調整や長期休業中の研修権の保障……。平和、人権教育の日常的実践。自治活動の充実――「原爆の図・丸木美術館」への遠足。ヒロシマ修学旅行。生徒会主催の八・九平和登校。「命の日」の取り組み。平和・人権・環境問題等に目を向け取り組む文化祭。縦わりの体育祭。日の丸・君が代をもちこませない入学式、卒業式……。

はじめてのヒロシマ修学旅行は、一九八四年度だった。ヒロシマに深く向き合ったクラスの子どもたちは、こんな感想を綴った。「やっぱりここは広島なんだなって感じさせるあの悲しい影。いつまでも忘れることなく、しっかり覚えていたい。……広島の地をふむことができたことをほこりに思い、……自分の進路をよく見つめていきたい」。そして、文化祭でも、一人ひとりのヒロシマへの思いを刻み込んだ。

ここには、戦後民主教育が息づいていた。抵抗と創造の仕事の原点があった。

しかし、やがて不幸な現実と向き合うことになる。日教組の弱体化を執拗にねらっていた権力の策動と、組合を己の影響下にかかえ込もうとする一部の人々による痛恨の組合分裂。思えば、二〇〇六年の教育基本法改悪とそれによる政府文科省の教育支配は、あのような事態を経てもたらされたと断言できる。以下の事実は記しておかなければならない。

教師一〇年目。腹の底からの怒りをバネに、渾身の力で書いたあの時の私の文章の後半をそのまま転載する。

変質への過程

『朝日新聞』九月二六日家庭欄「こんな校則、あんな拘束」で坂本秀夫氏は、以下のように述べている。

「学校が根拠のないきまりを作れば生徒は反発して規則を破る。学校はそれを抑えるために新しい規則を作る。規則の果てしない拡大のなかに信頼関係は失われていくのである。服装の規制は行動の規制に及び、さらに心の規制に及んでいく……」と。本校はいま、残念ながらそうした方向に徐々につきすすんでいるといわざるをえない。

われわれの誠実で必死の働きかけにもかかわらず、党派的利益を最優先して日教組運動から脱落していった全教。彼らの聖職論と露骨なセクト主義・迎合路線は、この機会に本校の「正常化」を企図する校長のハレンチな動きと相まって、また、日教組に結集する仲間のここ数年の退職、転勤ということもあり、長年積み重ねてきた本校の民主的な財産をほりくずし、それは当然校則問題にも波及している。

本稿のテーマから若干逸脱する危惧はあるが、以下のことは記しておかないわけにはいかない。「分裂」前の彼ら全教の許しがたい多くの背信行為についてはここでは省略せざるをえない。以後、統一分会の拒否、ボーナスカンパの統一した呼びかけの拒否、主任手当拠出管理委員会の完全な私物化——主任制反対闘争はおろか、拠出闘争さえも放棄、地域からの信頼の名のもとに、管理職と結託し、未組合員に迎合して、多数決の論理で業者テスト（北辰）の数を増やすこと、行政さえ自重するように現場に通達している授業時間中に受験させることにも賛成しそれを推進する。補習の提案にたいする積極的同意等々、列挙すればきりがないほどデタラメな言動がつづいてきた。

きわめつけは、彼らもスローガンとする平和教育の推進、その重要な柱であるヒロシマ修学旅行への対応である。われわれが、特定の政治的意図をもった「左」右の集団の非難、中傷をはねのけて五年間つづけてきたヒロシマ修学旅行に、管理職、未組合員、特定の立場の親にすりよって公然と反対し、つぶす。平和教育への無理解と、自分たちのイニシアチブでなければ決して推進しようとしない度し難いセクト主義、票集めのためにはどこまでも遅れた意識に迎合する議会主義のなせるわざか。

親へのアンケートの提案はよしとしよう（これとて、過半数がヒロシマに賛成するわけがないと見越したうえでの彼らの政治的判断であるが……）。結果は、四割近い親が賛成してくれた。全員から回収したわけではないので正確さを欠くが、ヒロシマ修学旅行をつづけている中学校は本校をふくめて全県で二校だけという状況のなかで、これだけの親が賛成したということは、軍縮に向かっている世界の趨勢の反映であり、本校の実践も正当に評価されている結果とみるのが当然である）。職員にも賛成する修学旅行先を書いてもらうことをいい出す（つまり多数決）。いまや、日教組に結集するわれわれは三人、全教九人、他は未組という状況では、目的は明白であった（われわれとともにヒロシマ修学旅行をつくってきた未組合員の数名、元組合員の何人か、良心的全教はヒロシマ修学旅行に賛成した）。

ヒロシマつぶしをリードした全教のA氏。子どもの権利条約をたてにとって親へのアンケートを主張した彼女だが、子どもからアンケートをとることには最終的には反対するという欺瞞。「ヒロシマ修学旅行は金と時間がかかりすぎるので一般化しない。普遍性をもたない」と、自民党の荒木武広島市長に聞かせても驚くような発言（「……広島平和記念資料館の来館者は、はじめて一年間に一五〇万人を突破するに至った。……ここに、ヒロシマは訴える。……世界の指導者をはじめ、次代を担う青少年が広島を訪れ、被爆の実相を確認することを……」平和宣言　広島市長荒木武）。

「みんなが合意できるようになったら……」という、結論先にありきの段階論。現市教組（全教）副委員長のB氏も元書記次長のC氏も関西修学旅行を主張。京都・奈良で班行動をさせるという。それが、民主的人格を育むこととどうつながるのか。全生研に夢中のB氏は、集団主義教育のイロハも知らない。県の事務職員部長に立候補したことのあるD氏は、父母負担の軽減を前面に出してヒロシマ修学旅行反対を主張。以前は賛成したこともあるD氏は、父母負担軽減の大衆的たたかいをどう構築してきたのか。

臨教審路線そのものの道徳副読本市内全校配布に最後まで反対したのはわれわれだった。いままた、数億円かけて市内数校になしくずし的に建設がすすめられている武道場（日の丸つきである）への反対の声も十分には聞こえてこない。どれほどの父母負担になっているというのか。今年度本校に転勤してきたE氏（市教組がすすめる親子映画の副責任者だそうだから、彼も全教の中心メンバーの一人なのだろう）に至っては、こともあろうに、担任したクラスの親に「私がヒロシマ修学旅行はやらせませんから」と暴言をはいたと聞く。

――彼ら「階級的ナショナルセンター」全労連に加盟する全教の実態はこうである。

こうしてつぶされたヒロシマ修学旅行。中身と切り離されて形式が強調されだすとどうなるか。最後になってしまった今年のヒロシマ修学旅行。子どもたちは形骸化したとりくみ（教師の側の問題である）のなかでもたくさんのことを学んできてくれたのだが、教師の教育に名を借りた調教ばかりが目についた。「ツッパリズボンをぬがない生徒はつれていくことはできない。当日、親にひきとってもらう」と強調するE氏。人権の視点で、未組合員を啓発すべき全教がこれだ。

全体の流れは、「問題」をおこさないように共通認識の名のもと、不合理な決まりを一致しておしつけることになる。タンクトップはダメ。くつ下はワンポイントのないものを。寝る時もジャージで……。そして朝まで順番で監視。こうして「問題」がおこらなかった修学旅行を評価する。

旅行後、ある保護者からこんな話が入ってきた。F氏（管理職試験に合格している未組教師）が、自分のクラスの生徒がヒロシマ修学旅行で学んだ感想を次のように書いたところ、「先生はそんな風に考えてほしくないんだけどな」と「指導」し、その子の内面を傷つけ母親を怒らせたと（その生徒は数年前まで茨城県土浦市にある自衛隊駐屯基地の近くに住み、日常的に「戦争」を感じていたのである）。

「……けれど、日本は今、再び国歌斉唱、国旗掲揚を強制する天皇制、戦前と変わらない状態に変わってきています。このままた戦争がおきて、歴史となって、これからの子どもたちに、なぜ二度もこういうことがおきたのかと聞かれたら、どう説明すればいいのかわかりません……」。まさに、「服装の規制は行動の規制に及び、さらに心の規制に及んでいく」のである。

二年前に本校に赴任してきた校長は、もともと組合員であったが、いまや民主教育推進の意志も能力も一片の良心もなく、ことごとにわれわれに敵対し、本校を変質させようとしている。それを支えるF氏のような教師。ヒロシマ修学旅行の継続は、あらゆる意味で、本校の民主教育のいっそうの前進にとってかなめであったといってよい。そしてそれは、複数の未組合員の支持、多くの保護者の共感を得られていることを考えれば、全教の、スローガンだけでなく本気で平和教育をすすめていこうとする決意があれば十分可能であった。それをあえてつぶしにかかった彼らの犯罪性。

彼らの無内容な「民主主義」ごっこは、改悪学習指導要領と対決し、のりこえる質をまったくもたない。必然的に、政府・文部省の「戦後教育総決算」にのみこまれ、教育の破壊、荒廃をいっそう進行させ、管理教育を招来させることになるであろう。

課題

政府は九月二二日、子どもの権利条約にようやく署名した。完全批准を急がせるための運動をもりあげていくこととともに、現場でいかに実体化していくかが問われているのだと思う。本校でもわれわれが中心になって、学年集会や文化祭、授業やクラスのとりくみなどですすめつつある。

一学期に、テレビ局と新聞社が取材を申し入れにきた。この時も、管理職といっしょになって反対したのがE氏だった。「ツッパリの生徒が校舎内をうろついている、ゴミが落ちている。そうした現状を見せるのはどうか。地域から信頼が得られない」と。彼は、子どもの権利条約をおしすすめる実践をしているか。年度当初、各クラスの名簿を女子を先に書こうではないかという私の提案に猛烈に反対。クラスの髪の長い女生徒に、入浴に時間がかかり受験勉強の時間が減ってしまうから髪を切ってはどうかと「アドバイス」。彼女は、当然の健康な怒りを私に語ってくれた。そのE氏、七時前から学校に来て（始業は八時半）、八時前から校長といっしょに校門に立って、制服と名札のチェックを毎日つづけている（校門指導の是非については賛否があるが、安全指導の必要性もあり、一応職員の合意でとりあえず実施することになった。しかし、誰もチェックなど頼んでいない）。違反者の名前を毎日ワープロでうって全職員に配っている。ただでさえ多忙化がすすんでいるなか、自分で首をしめている。その無自覚が恐ろしい。休み時間に職員室に入ってくる生徒（職員室の出入りは自由で、生徒が気軽に出入りしている）に、いちいち「名札をつけなさい」と注意している。

私には、いまだに、なぜ一律に名札を強制しなければならないか、合理的な理由が見いだせない。根拠のないものを子どもに「教育」できない（矛盾があってもやらざるをえないことが現実にはあることを承知している。子どもにその現実をも知らせ、いっしょに葛藤していくことは教師としての最低限の倫理だと思う）。彼は善意で「指導」している。その主観主義のいきつくさきが恐ろしい。私は、「学校同和教育通信」などで、たとえば以下のように痛烈に批判しているのだが、しみついたアカは容易にとれそうにないようだ。

「……いつも規則とか勉強とかの目的に結び付けて、子どもを見ている眼差しという、教師の目つきね。これがだんだんひどくなってきた」（『〈非行〉・学校・家族』）。

「国分一太郎は髪形や服装（規則・規律）の規制を生徒のなかにもちこむことに賛成だろうか。……そのことを守らせるために、教師がエネルギーをつかいはたして疲労困憊している教育の構造そのものが問題だろう」（野呂重雄「この巻を読んで」『国分一太郎文集3　子どもをとらえる』）。

「あの校門圧死事件の経過と背景のなかに、大らかさがあったか。柔軟さがあったか。現代日本の学校社会に、どれほどの笑いがあるのか。教師たちに、どれだけの個性や大らかさがあるのかどうか。そこにあるのは、ただひたすらの『熱心さ』ではなかったか。学校現場のその回路不全こそ、僕は問いたい」（日垣隆「閉ざされた回路　神戸『校門圧死』事件の深層」『世界』一〇月号）。

教育を破壊し荒廃させた根源は明白である。国家主義。能力主義に基づく政府・文部省の教育私物化。戦後民主教育の骨抜き、解体。が、現場でそれに抗う力が弱くなれば、管理を管理と思わずにおしすすめてしまうことは容易である。つくられた多忙化と管理のなかで、現場の多くの教職員は歴史認識と人権感覚を奪われているといっても過言ではない。

日教組はいま、教育改革五〇〇〇万人署名運動を提起し、各都道府県でのとりくみがはじまっている。世界的大転換期にあって、次代を担っていく子どもたちの教育に携わっているわれわれの責任として、教育予算の一〇％確保、学校五日制の実施、子どもの権利条約の完全批准、これらの問題に全国的規模で当事者として明確な意思表示を行うことが求められていると思う。そして、学校現場からの改革を起点として、父母、労働組合、民主団体などへの働きかけを通じて、全社会的規模での教育改革論議を巻き起こしていかなければならない。わが埼玉教組も再建されてほぼ一年。着実に市民権を得ている。脱落した全教を他山の石として、大衆的民主的な運動を力を合わせ積み重ねていきたいと思う。「すべての職場で生徒をふくめた校則・生徒心得などの見直しを開始する」など、七つの課題を中心に、職場から改革の声をあげ行動を起こすことと結合して、五〇〇〇万署名にとりくんでいる。X単組ももちろん同様である。

私のクラスの文化祭では、子どもの権利条約の学習と合わせて、ヒロシマ修学旅行のおもいを全員でレリーフに表現した。正当な意見を表明する子どもたち。「……なぜ、生徒たちに意見を聞かなかったのでしょうか。もし、先生方の討論の前に、じっさいに広島修学旅行を体験してきた私たちに意見を聞いていれば、きっと私たちは、広島の修学旅行に賛成していたのに……。広島でしか学べないこと、それを学びに行くことを最大目的とする修学旅行なのに、あまりにも残念です。……広島修学旅行は、この学校の伝統だったのに……」（私は、子どもたちから、そして親たちからも同様の声をたくさん聞いている）。

そうした声を大切にしながら、校則の見直し、生徒を主人公とした学校づくり、現場からの教育改革をねばり強くすすめていきたいと思う。

埼玉県X市・M中分会

（「私たちの校則――平和・人権教育との結合を」『教育評論』一九九〇年一二月）

分会長だった私は、いかなる理由があろうとも組合分裂の選択は誤りであること、M中分会だけは意見の違いを乗り越えてまとまって行動していくこと、そうしたM中分会としての意思を執行部に伝えていくことを分会で確認し、文案も用意した。それを最終的に妨害し葬り去ったのは誰か。その後の民主教育の後退と子どもたちの不幸をもたらした人たちの総括は、今もなされていない。「田分け」と言わなければならない。「弱い者たちが自分から求めてバラバラになるのは、愚の骨頂である。狭い耕地をうばい合って、こまぎれにして、果ては共倒れになるようなものである。愚の骨頂のことを、農民は『田分け』といった」（むのたけじ『詩集たいまつⅠ』）。

以後、私は、日教組につながる単組の書記長を、一時期を除き約二〇年務めた。一組合員として三七年間、仲間とともに闘い続けたことを誇りに思う。

3　Hとの出会い、Nとの出会い

中二、中三と担任をした被差別部落出身のH。私が教員になってはじめて出会ったむら（被差別部落）の子だ。特措法（同和対策事業特別措置法）も素通りしたのではないかと思われる家庭の状況で、差別の現実をつきつけられた。休みがちだったHの家の訪問を、ただひたすら繰り返していた私だった。道路ぞいの狭い「アバラ屋」のような家。台所からの煙が充満し、汚れた服を着た小さな妹たちが、散乱している食器やちり紙等の中でテレビを見ているといった状態の中で、Hや父親と話をする。そんな家庭訪問を続けた。両親の不安定な仕事と少しばかりの畑の収入で、懸命に生きているHの家族。何もできなかった私だが、Hは、クラスの仲間に支えられながら卒業の日を迎えることができた。Hを支えた仲間のこと、Hのことを自分の問題として受け止め話し合ったあの日の学活のことを忘れることができない。

私はM中に赴任して間もなく、埼玉県部落解放研究会にも所属した。教師三年目の夏期合宿で、Hの「クラスのなかま」のことをこう報告した。

Hとの二年間

……

クラスのなかま

三年生になってからも、続けて休んだことが四回ほどありました。家庭訪問をしても、父親と核心に迫る話もまったくできず、Hに対しても、なだめたりどなったりするしかできない状態の中で途方にくれかかっていた時、Hをとり囲むクラスのなかまが精一杯関わってくれました。一二月のある日の朝、女子数名がHを、泣きながら裸足で強引に学校につれてきました。Hは、その途中、「私には友達がいない」と叫んだそうです。僕は、勝負どころだと思い、緊急に学活をもちました。Kは泣きながら、「Hちゃんのうちは勉強できるような状態じゃない。みんなのうちはお父さんもお母さんもしっかりしているけど、

Hちゃんは……。みんな、自分の立場じゃなくて、Hちゃんの身になって考えて……」と訴え、Mは、「甘えてるって言うかもしれないけど、そうなってしまう理由があるんだからみんな考えてほしい……」、Aは、「Hは小学校の時から変わっていない。みんなに甘えちゃダメだ。友達が何でもやってくれるという考えは捨てて、自分から変わろうと努力してほしい……」と、それぞれ自分の気持ちを投げかけました。そして、Yの、「Hちゃんにはそれなりに関わってきたけど、彼女の生活のしんどさとかつらさとか、そういうことはよく知らなかった。だから、どういう風に関わっていいか、わからないこともあったし……。先生も、そういうことは、みんなに知ってもらうべきだったと思う。……Hちゃんの生活のしんどいことつらいこと、先生は知っているんだろうから話してほしい……」という発言を受けて僕は、「苦しいことだけど、できればH自身が勇気をもって話してほしい。周りの者は真剣に受けとめろ」と言い、彼女に語らせました。Hは前に立って、涙をふきながら精一杯、本当に精一杯語ったのです。非常に緊張感がありました。が、Hの語る内容について、意味が十分に伝わったとは言えません。僕もHの思いを受けとめるべく、必死でしゃべりました。お母さんが「障害」をもっていること、寝たきりのおばあちゃんのこと、夏休み中のいたずら電話（「おまえのうちはみんな障害者だろ。小学校の勉強もできない奴が中学校の勉強がわかるのかよ……等々」）のこと、体臭がすること、足し算・引き算もわからなくなってしまっていること、彼女の将来のこと……。生徒たちの受けとめ方は深浅があり、一人ひとりが自分の生活を見つめなおすまでにはとても至りませんでしたが、人がつながり合うってどんなことか、人が変わっていくってどんなことか、ちょっぴりわかってくれたんじゃないだろうか――薄っぺらな自己満足にすぎないでしょうが――という感じはしています。根っこは何も変わっていませんが、ともかく、Hはこれ以来卒業まで、学校だけはほとんど休まずに出て来るようになりました。Hを支えたなかまたち。今も時々会うと、「Hちゃんどうしてる―？」と気にかけてくれています。

……

（『脈動』第四号、埼玉県部落解放研究会）

地元の定時制高校に進学したHがぶつかった新たな壁。数年後の夏期合宿では、こう報告しなければならなかった。

子どものおかれた状況――いま現場では

教職について五年半、校区に住んで四年。子どもたちの「荒れ」、生きることへの苦悩、それに何とか正面から向き合いたい、という思いだけで彼らを追い続けた、そんな日々だったように思います。

その後のH

被差別の現実を全身で背負ったHは、中学卒業後、いくつかの壁につき当たりながらも何とか定時制高校に通い続けています。彼女が、新しい友だちをつくり今まで経験したことのない世界に出会う中で、生活を大きくくずしていったことに僕がはっきりと気がついたのは、二年生も終わろうとする頃でした。中学校に顔を出したHの変化に驚かされたのです。いろいろと話をする中で、友だちのAやAの「彼」の家によく外泊していたこと、そこで覚えてしまった煙草や酒やシンナー、奨学金をAといっしょに使いこんでしまっていること、売春に近いことまでしてしまって警察に補導されたこと……等々がわかったのです。高校の先生と連絡をとりあい、僕の家やHの家で何回も話をしました。しかし、疲れていたのでしょう。何とか立ち直らせようと語りかけている途中で眠ってしまうような状態でした。父親も、どう対応したらいいのかわからないのも当然で、「本人のためには警察のやっかいになった方がいいんじゃないか」と言っていました。寝たきりの祖母も、心配そうな表情で僕たちの会話に耳を傾け、Hに諭すように言うのです。「一〇歳の時、五円で子守りに行った。『高い子守りじゃ』と言われ、ずっと苦労してきた。それ以来いい月がない。孫だけには、そんな目にあわせないようにと思ったけど……。家だけには泊まれ……」と。

しかし、三年生になってからもHのくずれは続きました。そして五月初め、Aといっしょにシンナーを吸っているところを現行犯でつかまり、鑑別所へ送られてしまったのです。一週間後、そこでHと面会した時の彼女のうれしそうな表情。Hは、自分の行為の意味、置かれている状況が十分にはわかっていないのです。差別の結果学力を奪われ不当逮捕された時の石川さんの姿とだぶるような思いでした。Hは審判の結果、幸い保護観察という形で一ヵ月で鑑別所を出ることができました。父親も、「とにかく仕事をさせないと」と言っていましたが、紹介してもらったクリーニング店での仕事も、ここ何日か休んでしまっています。「頑張って仕事を続けなくっちゃ」と言っても、「だってつまんないんだもん。いやなんだ」とH。「お父さんもお母さんも一生懸命働いているじゃないか」。「それはそうだけど……」。時々、Hの家を訪問し、交わす会話も、こんな感じです。この間の経験はHにとって何だったのだろうと思います。ある面、これも自立への一歩だったのかもしれませんが……。まだまだ困難な道のりです。HやHの親とのつき合いは、まだまだ続きそうです。

（『脈動』第六号、埼玉県部落解放研究会）

鑑別所を出て、再び定時制高校に通い始めたH。心配だった。時々会って励まし続けた。しかし、当時の私は、部落の話ができなかった。部落を告げることは、Hに生涯重荷を背負わせることになる、それが当時の私の部落観だった。伝えることの重さに、最後まで踏み込めずにいた私だった。

私がHに最後に会ったのは、R中を転出し、M中に一七年ぶりに戻ることになった九年前だ。Ｈ宅は、廃屋になっていた。他市に転居していたＨに連絡し、二人で会った。Ｈは、定時制高校を卒業後、結婚。別のむらで二人の子どもを育てあげ、たくましく生きていた。施設で暮らす母や妹、「高校二年の時、学校で嫌なことがあり、追いつめられて、遺書もなく死んだ」という弟、「私へのいじめも中学卒業後もずっと続いた」と語った。思い荷を背負いながらも、乗り越えてきたがゆえの笑顔は美しかった。そして、部落のことをはじめて伝えた私に、「勉強をし直したい。知らなかったむらの歴史を父に聞いてみる」と言った彼女に元気をもらった。あの日、部落の話を一度もできなかった私。今度こそ、戸惑いを捨てて一歩踏み込めよと、激励してくれているようだった。

解放研の合宿では、Ｉのことも報告した。Ｉは、「はじめに」に述べた劇『ホームレスの同窓会』で、私といっしょに舞台に立つことになっている一人だ。

卒業生のＩからの手紙

Ｉはしっかりした女の子でした。中二の時、丸木美術館に行き、その内容をスライドにして文化祭の時にみんなに説明したり、反戦の署名を呼びかけたりしていました。社会に対して問題意識をもち、それに十分に応えきれない僕の授業に対しても遠慮なく批判してくる子でした。

そんなIが荒れはじめたのは中三になってからでしょうか。両親の不和が彼女の繊細な感受性を傷つけたのでしょう。やくざとのつながりもある卒業生の○○とつき合う中で、自分の思う道を一気に突っ走っていってしまいました。中学校を卒業し、市内の高校に通うようになってからも彼女の動揺は続き、学校にはほとんど顔を出さず、登校しても生活指導の教師と口論し合うという状態でした。

僕は、Iのアルバイト先のすかいらーくでよく彼女の姿を見かけ声をかえていましたが、ある日の夜中、すかいらーくから電話をくれました。「先生にもう会えないと思って電話したんだ。私、高校やめて家を出て働くの」。その夜、彼女と朝まで話すことになったのですが、彼女は、あまり吸いすぎるなよという僕の制止もきかずに、煙草を何本も吸いながらしゃべりまくりました。大人社会への批判、学校への不満、これからの生き方等々。その後、結婚して長野に行ってからも時々電話をくれます。「中学校の様子どう?」「相変わらず無軌道に荒れている子が多いな。ーのように、それはそれで筋を通してつっぱる子は少ないよ。今までの自分の生き方を総括して、後輩に手紙を書いてくれないかな」と投げかけたところ、快くひきうけてくれました。

〈……けどね、違うんだよ。本当のつっぱりってさ、人と同じ事してちゃいけないんだ。そりゃもちろん、スカート長くしたりパーマかけたり髪染めたりしてりゃ人とちがって目立つけど、それだけじゃないんだよね。それだけだったらただのナンパ。何をやるにしても、自分のやる事に対してポリシーをもってほしいんだ。それで、ある程度の事したら、けじめもびっとつけてほしいのよ。なんか、だらだらいつまでもつまんないことやってちゃさ、どんなにびっとしてたやつでも最後はつまんないやつになっちゃうんだよね。物事は、ひきぎわがかんじんなんだよ。悪い事したきゃ、いくらしたっていいんだけどね。そのかわり、あとで自分にその分戻ってくるから、自分でやりたいと思った事だけをやってほしい。人にひきずられてやったことで後々悩むなんて、バカらしいでしょ。したくない事はしたくないって言えなきゃホンモノじゃないよ。あたしはね、あんまり意志強い方じゃなかったからね。やっぱり……。だから、つっぱりとしてつきあわなきゃいけない友達とは、手切りたいと思った時、高校もやめた。その位しなきゃいけない程、色々やりすぎたから……。今たまに、その頃ケンカしたけど、中坊の頃から仲良かった子からＴＥＬかかってくる。その子とはけっきょくわかりあえて、ＴＥＬなんかで学校の事とか色々教えてくれるんだけど、たまにうらやましくなっちゃうんだよね、どうしても。あー、あたしもやめる事なかったかなーなんて……。でもやっぱり一つのくぎりをつけたかったんだからよかったんだ、きっと……。だって、そのおかげで今の生活があるんだしね。たしかにつまんない生活かもしれないけどさ、でも、あたしは別にこれで自分の人生きまっちゃったなんて思ってないしね。ちょっとくさいかもしれないけどさ、青春の中の一しょうせつを不良やって、残りの部分を母親やってさ、それで又、あと三〜四年したら、今度は子供やだんなと一緒になんか新しいことみつけてさ、やっていきたいんだよね。中学生位でさ、家庭のこととか、勉強のこととか、色々悩んでる子たくさんいると思うけどね、あんまりしんこくになんないでほしいなー。あたしも、家庭不和でなやんで、色々あってけっきょく悪い事たっくさんしちゃってさ、もう悩みにおしつぶされてしまうんじゃないかって位、つらかった頃あったけどね。その時はその時なりに悩んだはずなのに、今考えると、けっこーなんでも、あーあんな事もあったなーってかんじなんだよね。って言うのは、あたしのだんな、ぜんぜん普通の人でさ。親父さん、校長先生してたりしてさ。そんでもって本人も大手レストランの社員やってんだよね（すかいらーくは東証一部に入ってんだよ先生！）。そんな人だから、あっちの両親めちゃくちゃ子供生むの反対してさ。おろせってずっと言われてて籍も入れられなかったんだ。つい最近まで……。くやしかったけどあたり前だよねー。でもやっぱり泣けた。そのとき思ったんだよね。あの頃の悩みっていうのは周りの事に対してがほとんどだったけど、これからは自分自身のことで、もっともっと色んなことで考えなきゃいけないんだなって……。けっきょくこれからは自分で家庭をつくっていくんだよね。親や先生から教えられ、つくられてくんじゃなくて、何もかも一人でやらなきゃいけないし、又、子供が生まれれば、今度は自分が教える方に回っていかなきゃいけないんだもん。けっきょく、中学生位の自分や自分の周りなんてもんは、人生の中でほんの一部でしかないんだよ。だから、ほんとに苦しいと思っても悲しいと思っても、なんとか通りすごしてほしい。一人で生活してくようになったら、今度はもっともっとつらいことたくさんあるんだから……。早い子だったら、中学卒業してすぐ働きだすでしょ。そうするとだんだんわかってくれると思う。今あたしの言ってること。たぶん。世の中の大人達は、私達が悪い事やってつっぱってたって、ちっともびくともしてないんだって事。今はわかんなくても……。前のあたしがそうだったように、ね。うん……。おっと。もう、あ五：三五。あと一時間したら、だんなおこさなきゃ……。おなかのbabyに悪いから、あたしもねます。それじゃ、みんな元気で。受けん勉強、がんばってね。それから、しゅうしょくする子はあとで遊びたくなんないように、めいっぱい遊んでね。今だけだもんね。中学生時代は一番いい時だから……。では……。PS．字がぐちゃぐちゃでごめん。はっきりいって、ねたい……〉。

高卒の資格は意地でもとりたいと言っていた彼女。今、シンドイ条件の中で、僕が紹介した長野の高校の通信教育を受けながら子育てに懸命の毎日です。あの頃荒れていたー。彼女の苦悩をまるごと受けとめきれなかった学校。そんな学校を切ることで自分なりの生き方をさがし出し、本当の意味で人生にツッパって生きているー。彼女の生き様が、学校に教師に問いかけていることを、僕たちがしっかりと受けとめねばと思います。

（『脈動』第六号、埼玉県部落解放研究会）

Ｉはその後、三度の離婚、自分が経営していたクラブの破綻、精神的な病による入院等々、想像を絶する苦難の中、四人の子どもを育ててきた。今は、父親の仕事を引き継ぎながら、臨床心理士の資格を取得するために大学に通い、また、高校時代の仲間と組んだバンドのコンサートを開く等々、寸暇を惜しむ日々を送っている。東日本大震災の時には、即、支援にかけつけ、そこで出会った人たちとは今もつながっている。その行動力、生きることへのエネルギーに感服する。〝生きる力〟などという教師の抽象的なスローガンの内実が、その後のＩの生きざまによって、逆に問い返される。

もう一人、Ｍ中で出会い関わったむらの子がＮだ。やはり二年間担任を持つが、荒れに荒れていたＮに、私は為すすべがなかった。Ｎの「非行のエネルギーを解放のエネルギーへ」――そんな思いとは裏腹に、ここでも部落のことを口にすることを恐れ続けていた私だった。少年院で卒業式を迎えたＮ。前日、Ｎのいないクラスの生徒に書いた学級通信に思いを綴るも、Ｎに届くはずもなかった。

Nへ

明日は卒業式。とうとう君はもどって来ませんでした。担任として、最後はこの教室で、堅い握手を交わしてお別れしたかったのですが……、残念です。

思えば、４月の学級開きの時から荒れまくっていた君。そんな君と、何とか人間的な関係をもちたいと追いかけましたが、君のかかえている問題の大きさに、なす術もなく時が経ってしまいました。

あれから11ヵ月。君は君なりに、これまでの人生をふり返ってくれたのでしょう。何回か会うことができましたが、そのたびに成長している君の姿に驚かされました。君はきっと、他人の中にある人生がみえてきたと思うのです。お父さんやお母さんやお兄さんやおじさんや、先生や仲間や……様々な君をとりまく人間と人生がみえ、そんな中で、自分自身の人生をみつめ直してくれているのだと思います。君にとって一番身近なお父さんもお母さんも、時にはせつなくなったり、投げ出したくなったり、苦しんだりしている。そこの気持ちや苦悩がわかるようになった時、君は今度こそ、何があっても頑張れるし、君自身がどう生きていかなくてはならないかを見すえることができると思うのです。
N、君は今でも6組の仲間です。班ノートに君のことを書いてくれた子は何人もいました。明日で6組は解散してしまいますが、何年経っても君は、6組の、そしてM中学校の卒業生であることに変わりはありません。君の姿を見かけた時、6組の仲間はきっと、つまらない偏見やうわさにまどわされずに声をかけてくれるでしょう。君も、背負った荷は重いかもしれないけれど、堂々と前向きに生きていって下さい。大丈夫、君と同じように荒れていた先輩たちも、今や立派に自分の人生を歩んでいるのです。Aは、卒業以来ずっと大工の修業を続け、ほとんど仕事を任されるぐらい成長しました。B。仕事をいくつか変わりましたが、今、朝3時に起きて運送の仕事をやっているようです（先日、僕の家に顔を出してくれました。仕事が厳しく低賃金であること、結婚を前提に交際している彼女の兄弟が「障害者」であることを彼女がうちあけてきたこと等、うんと悩んでいました。仕事の面でも私生活の面でも、中学時代に学んだことが実感として迫ってきたと言っていました）。Cも、もしかしたら君以上に荒れていましたが、卒業以来ずっと調理の仕事をしています。何回か顔を出してくれて飲みに行きましたが、料理のことを目を輝かして話していました。……

中学時代ツッパっていた先輩たちも、それぞれの場で、現実の社会の矛盾にぶつかり悩み苦しみながらも頑張っているのです。

〝非行のエネルギーを解放のエネルギーへ〟――僕が関わっている部落解放運動が、荒れている生徒諸君を育てていくうえでの基本的な視点です。N、君が本来もっているであろうエネルギーを、君自身の人生の中で、あるいは様々な人々の人生の中で見えてくるであろう世の中の矛盾と向き合い、のりこえていく方向に注いでいってほしいと心から願っています。

数年後、6組の43人全員が顔をそろえ、それぞれの人生を語り合えたらほんとうにうれしいです。その時まで、君の担任として、君の人生を応援させて下さい。共に時代を生きる人間として、堅い握手を交わせる日を楽しみにしています。

（一九八七年度M中卒業生　三年六組学級通信「すいみゃく」一九八八年三月一五日）

その後、やくざへの道を突っ走っていったN。私が結婚した一九九五年、たくさんの教え子が祝福する会を開いてくれた。Nのクラスもだ。すでにやくざの世界に入り込んでおしまっていたNも二次会に顔を出した。差しで話す。全身で荒れていた中学生の時のNを私が問うと、「先生、俺、一番になりたかったんだよ。それは今も変わっていない。この道で一番になってやるから」と答えるN。居酒屋の外でNと別れる時、私は思わず「死ぬんじゃねえぞ」と返した。

一七年ぶりに再びM中に赴任した時、私はN宅も訪問した。「地域からつまはじきにされ、表札をつけることも躊躇した」という母は、むらで息をひそめるように生きていた。私の訪問を喜んでくれた母は、中学校卒業後のNとご自分の歩みを涙をためて語った。「Nは、ここにはもう戻りません」と言い、息子に電話をしてくれた。「死ぬんじゃねえぞ」と言って別れて以来、一四年ぶりに話す。「会いたいんだ。帰った時は連絡をくれ」と思いを伝えた私に、「わかった」と静かに答えた。

あの日、Nを必死に追いかけながらも部落を伝えられなかった私。あの時こそ、部落のことを話さずには、そこを避けていては、これ以上つき合えないはずだった。私が揺れていたから立てなかったN。「Nは、ここにはもう戻らない」と語った母の思いを心に刻んだ。

4　学年劇

一九九一年四月、W中に転勤した。私の教職生活の中で、唯一、校区に被差別部落のない学校だ。W中もまた、荒れていた。何とかしたい。そんな思いで提案した学年劇。田中正造の生き方に、反アパルトヘイトの闘いに、また、キング牧師の生き方に、反原爆の闘いに、そして、いじめで自死した少年の親の思いに向き合わせた文化祭だった。

『公害と戦った人――田中正造』。田中正造大学の方に案内していただきながら、学年委員の生徒たちと旧谷中村をフィールドワークし、そこで学んだことを学年集団に返しながらの取り組みだった。ケンカの絶えないFを主役にすえた。「わが日本が亡国に至って居る。……これが政府にわからなければ則ち亡国に至った。……政府が自ら人民をうち殺すに至っては、もはや人民は自ら守るのほかはない」。静まりかえった全校生徒。フロアを感嘆させた見事な演技をしたFだった。卒業後、こんな年賀状が届く。「あの演劇以来、私の目はずっと世界に向けられております。生徒会長となり、身の引き締まる思いで新年を迎えました」。三年前、私はある劇団の公演『田中正造――いのちを繋げ〜草魂』の舞台に、谷中村の村長役として立った。教師として立ち続けることに挫けそうになる自分に魂を吹き込みたいとの思いで参加した劇だった。そんな私の姿を見に来てくれたF。凛々しい青年に成長していたFに励まされた私だった。

田中正造の生き方を学年劇として表現させた翌一九九四年、南アフリカの高校生の反アパルトヘイト闘争を描いた『サラフィナ』を創り上げた。舞台上で、フロアに降りて、ギャラリーで、闘う黒人たちになりきった子どもたち。指導をいただき、文化祭当日も見に来てくださったJVC（日本国際ボランティアセンター）の方から、「W中の体育館がまるで南アフリカそのものでした。中学生がここまで演じるなんて驚きました」と言われたほど、魂を込めて演じてくれた。黒人役の一人だったやんちゃなG。音楽だけが彼の支えだった。「僕の将来の夢はずっと変わらず音楽だけ……。僕には音楽しかないから」と語るG。舞台で生き生きとピアノを演奏する姿が輝いていた。数年前に開いた同窓会で、「先生に聞いてほしくて」と、自分でつくった曲のCDを紙袋にいっぱい入れて持ってきた。

貫いて生きているGだった。

FやGが卒業し、新たな学年集団で創った、いじめをテーマにした『負けないで――Stop The いじめ』も心に残る。愛する息子をいじめによる自死で失ったご両親に会い、劇にすることを決意した子どもたち。苛立つ思い、それを乗り越えたい思いを懸命に演じた一人ひとりだった。子どもたちの発表を見に来てくださったお母さんが、劇の最後に、舞台からこう語った。「私の息子、洋は、一九九四年七月一五日に亡くなりました。もう三年二ヵ月になりますが、洋が生まれた時のことや、はじめて歩いた時のこと、幼稚園の頃、小学校入学、卒業など毎日、ああ、あの時は、あの頃はと思い出しています。……一日に何回思い出すか。……いじめで子どもをなくすなんて……。この気持ちは、ことばで言い表わすことができません。皆さん、親にこんな想いさせないで下さい……」。涙を流して聞き入った子どもたち。劇を通して、同世代を自死に追い込んだいじめの現実に身を置いた彼ら。それぞれの場で、人間破壊と闘う生き方をしていると信じたい。

W中では、生徒会活動として、校則の全面改定も進めた。生徒代表、教師代表が同じテーブルで論議する「きまり検討委員会」を立ち上げ、全生徒、教職員、保護者のアンケー

『負けないで――Stop The いじめ』（1997年度W中文化祭　3学年劇）。
下の写真の中央は、洋君のお母さん。

ト結果を受けた論議を重ね、「W中生徒憲章」の策定と校則の簡素化を実現した。

　それから数年後、第一次安倍内閣の下で戦後教育の大転換が露骨に進められる中、四七教育基本法改悪反対の大衆運動が全国各地で闘われていた。私の所属する単組でも、「教育基本法を語ろう――パネルディスカッション&講演の集い」を開催する（二〇〇五年三月）。校則の全面改定の取り組みを中心的に担った生徒会本部役員のJは大学四年生になっていた。パネラーの一人になってくれたJは、こう語った。「中学時代、自分たちで改革した校則。創り上げた文化祭の平和や人権に関わる学年劇。子どもも参画していく学校づくりを。授業の中でも自分の国のことを考えさせてくれた。愛国心を強制して、愛国心は育たない……」。

5　結婚、新婚旅行、育児休暇

一九九五年。戦後五〇年。阪神・淡路大震災、地下鉄サリン事件……。言葉を失うような出来事が続く中、誰もが、この国の戦後の歩みとこれからの方向を思った。敗戦五〇年の八月一五日には、閣議決定を経て「村山談話」が出される。

この夏、再びヒロシマへ。私にとって、何度目の訪問だったろうか。原水爆禁止埼玉県民会議と埼玉県平和運動センターが主催する「ヒロシマに学ぶ埼玉子ども代表団」に、担任していたクラスの一三人の子どもたちと参加し、被爆の実相に向き合った（前述した、反原爆の闘いを表現した学年劇は、この子たちが中心になって学年集団をリードした）。また、組合の先輩たちと、日本軍国主義の中国侵略の足跡をたどる旅にも出た（前年春の組合青年部主催の沖縄反戦ツアー、夏に仲間と訪ねたカンボジアと、それぞれ心に深く刻まれた旅になった。現場に立ち、身体と心で感じ取ったことを子どもたちに伝え、考えさせてきた）。平頂山殉難同胞遺骨館、侵華日軍七三一部隊罪証陳列館、侵華日軍南京大虐殺遭難同胞記念館等々を見学した。当事者の話にも向き合った。この事実を消し去ることはできない。あれから二〇年以上の時が過ぎた。様々な課題を乗り越え、友好関係をどう深めていくか、目の前の子どもたちに託されている。

戦後五〇年の年に入学してきた子どもたちが三年生になった時の修学旅行では、立命館大学国際平和ミュージアムの見学及び大学内の教室で、オウム真理教と闘った館長の安斎育郎さんの講演も聞かせた。オウム真理教事件の教訓から、科学的、理性的にものを見、考えていく人間に育ってほしい、そして、日本軍国主義の侵略の事実をふまえ、日本国憲法の精神を世界に発信していける一人ひとりになってほしいとの願いを込めて取り組んだ。

一九九五年一一月二五日、私は三八歳で職場結婚をし、約二〇年間続いた一人暮らしに終止符をうった。仲人は、埼玉教組初代書記長の山本幸司さんに、披露宴での主賓挨拶は、当時、埼玉解放研事務局長だった田島寿子さんにお願いした。田島さんは、お祝いの言葉をこう語ってくださった。「……私どもが岩崎正芳さんにお会いしたのは、一五年ぐらい前だと思うんですけれども、同和教育が埼玉県の中でも大きなうねりとなって広がってい

ヒロシマに学ぶ埼玉子ども代表団。

盧溝橋で。

った、大きくなっていった時期でございました。私たちはその頃、近くの被差別部落の中に入り、そしてそこで、子どもたちに勉強を教える、いっしょに遊ぶ、お父さんやお母さんからいろいろな話を聞くということ、また、お年寄りには識字学級をするというような活動をいたしておりましたけれども、その中に、M中に赴任していらっしゃいました岩崎正芳さんは、まっすぐ入ってこられました。……岩崎さんは、一番弱い立場のところから教育を見すえるというところで立っていらっしゃって、その考え方は、一五年前も現在もいささかも変わりなく、一貫していらっしゃるのではないかという風に思っております。……夜電話をして、彼がいたためしがない。……一人の問題の生徒の家庭に行き、その生徒の居場所を捜して歩き、歩く、というような教員生活……、すべて教育に打ち込んでおられる岩崎さんのような若い友人を持てたことを、私どもは大変幸せにうれしく思っているわけです……」。田島さんは、それから三年後、『今日もいとくり』と名づけた素敵な著書を遺して病死された。その足跡、そして、私に語ってくださった祝辞の一言一言をかみしめる。

新婚旅行は、南アフリカ、ナミビア、ボツワナ、ジンバブエに行った。前年、初の黒人

喜望峰。

大統領ネルソン・マンデラ政権を誕生させた南アフリカ、その年、文化祭で子どもたちが『サラフィナ』を演じたその地に立ちたかった。黒人高校生サラフィナが闘った地である黒人居住区ソウェトも訪問し、新生南アフリカの息吹を体いっぱい感じ取ってきた。

一九九七年一月二八日第一子、一九九八年九月二五日第二子誕生。第二子の生後七ヵ月目から半年間、育児休暇を取る。そのことが、埼玉教組共生教育推進委員会が作成したカレンダーに写真つきで掲載されたが、そこにこう記した。「女性も男性も、一人ひとりが経済的に自立する（仕事につく）こと、生活者として自立する（家事・育児をする）ことが

ソウェト。

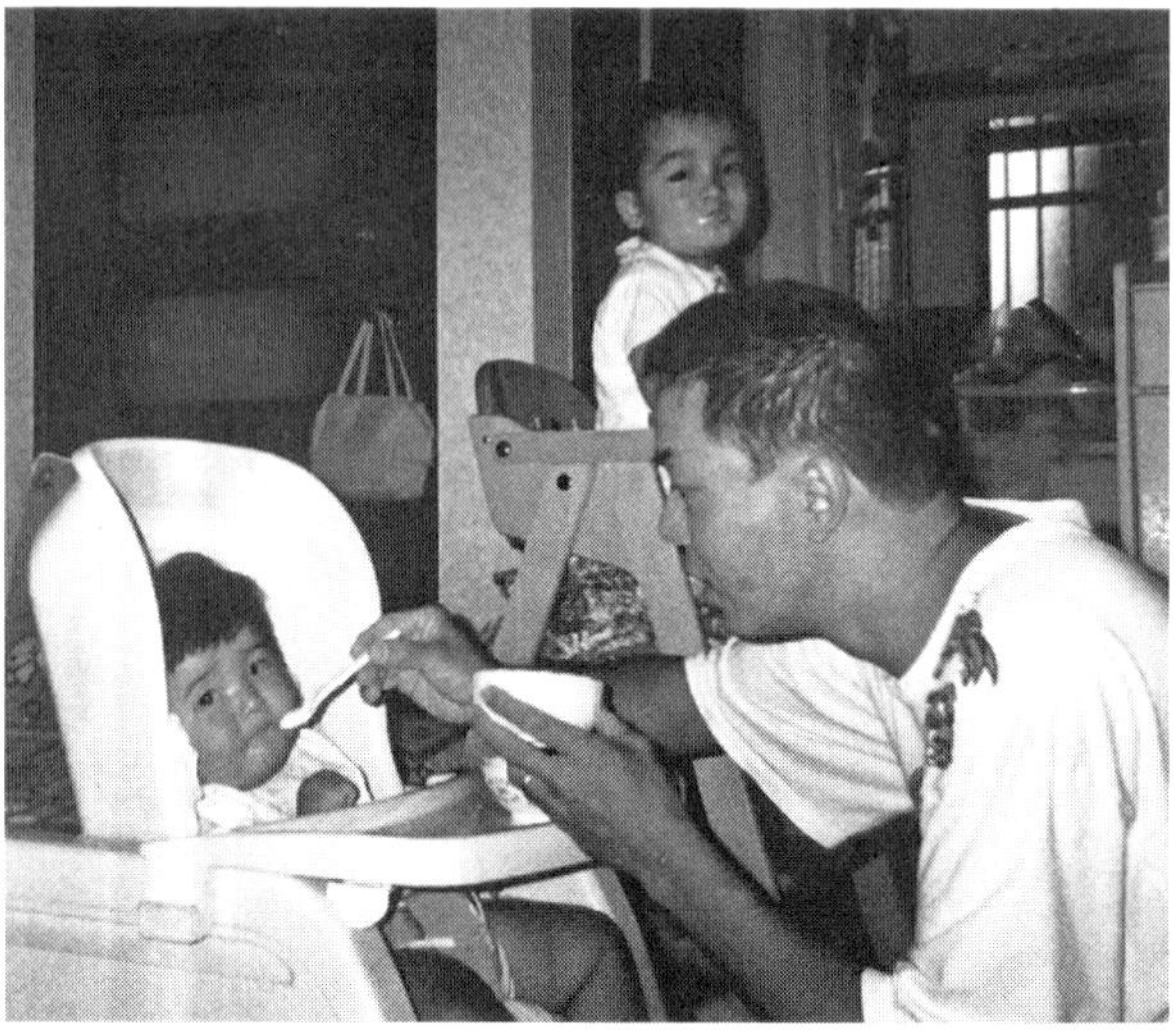

育児休暇

X市立W中学校

岩崎正芳さん（社会科）

〈カレンダー　男女共生参画社会にむかって〉

（埼玉教職員組合　共生教育推進委員会）

大切だと思います」。そして、その後の教師生活で、私自身の育休経験も話しながら男女共生教育を進めてきた（当時、校内教職員向けに発行していた「人権・同和教育だより」を通して、ささやかな実践を還元してきた）。

……

授業では、私自身の育児休暇の経験を導入に、男女共同参画社会への課題――育児休暇をとった男性（0・3％。例えばスウェーデンでは、パパ・クオーター制度もあり、36％）、男性の平均家事時間（9分）、高齢者の介護（91％が女性）、女性の就労（M字型雇用）と賃金（男性の65・3％。それでも、「芝信用金庫訴訟」〔2002年、最高裁で和解が成立〕等、女性たちとそれを支援する人たちの闘いによって、一歩一歩改善）、管理職に占める女性の割合（8・9％）、姓（98％が夫の姓）――と、世界と日本の男女共同参画への潮流――女子差別撤廃条約、男女雇用機会均等法、男女共同参画社会基本法――について学ばせ、「女も男も、人間として自立していくこと（生活の自立、経済の自立、精神の自立）」、「自分らしく生きること」、「世の中のしくみに目を向け、改善していくこと」が大事であるとまとめました。決して満足のいく授業とは言えませんでしたが、生徒は予想以上にしっかりと受け止めてくれていて、うれしく思いました（O先生、K先生に授業を見ていただきました。ありがとうございました）。生徒の感想を、数名紹介させていただきます。

■私は、今日の岩崎先生の話を聞いて、いろいろな事を思いました。昔から女性は差別されてたけど、今日の話の中の、「銀行員の人で、昇格しない」という女性の人の話がひどいと思いました。女性だからといって、差別されて……。女性だから、男性だからといって、特別な仕事とかはないのに、ひどいと思います。先生が話していた育児休暇も、女性にまかせるだけでなく、男性がやっていてもおかしくないないなあと思います。これからは、男性も女性も半々で、平等に子どもを育てたり、仕事でも働ける世の中になればいいなあと思いました。「女性問題」について、もっと知りたくなりました。今日は、先生の貴重な話をしてくれて、ありがとうございました。（M・A）

■岩崎先生の話を聞いて、とても心がゆれました。女性問題は男性問題でもあると言っていましたが、たしかにそうだなあと思いました。男性で育児きゅうかをとったのは0・3%というのは、本当にすくないなあと思いました。銀行員さんの話は、なめた話だと思いました。なんで、女性の人は上に上がれないのか、すごくぎもんに思いました。あと、給料も女性の方が低いのもぎもんに思いました。かいぜんした方がよいと思いました。あと、岩崎先生がプライベートの話をしてくれました。かなり考えさせられる話でした。ありがとうございました。（N・U）

■今日の岩崎先生の授業では、たくさんのことを学ぶことができました。岩崎先生が子どものために育児休暇をとったということにおどろきました。男性が育児休暇をとれるということ、初めて知りました。やっぱり子育ては女性というイメージがあります。そういうイメージを捨てて、スウェーデンの法律のようなのができれば、もっともっと変わると思います。芝信用金庫訴訟では、同じ人間なのに女か男かというだけで役付きにもなれず、給料もぜんぜん違うことに「ひどい。なんで?」って思いました。男女雇用機会均等法がつくられても、本当に変わったかはわからないと思います。男女共同参画社会基本法は、つい最近できたのだと知りました。国会などで女性を見るのは少ないです。ほぼ男性が行っているので、もっと増えて半分半分くらいになり、男性と女性の意見を尊重し合い行ってほしいです。歴史の中では、もっと女性差別をされていたと思います。そういうのもしっかりと学んでいきたいです。1つひとつの問題を解決していくためには、……女性の気持ちになって考えてくれる人がたくさん増えれば男女平等になれると思います。あと、最後の3つの言葉では、男女とも自立して生きていくことができて、自分らしく生きて、世の中に目を向けてしっかりと生きていきたいです。先生のプライベートの事など言いたくなかったと思うけど、教えてくれてありがとうございました。先生の熱いお話でとてもよくわかり、興味を持つことができました。校外学習に行く時には、たくさんのことを学んで、自分のためになるようにしたいです。今日は、本当にどうもありがとうございました。（N・T）

……

（「人権・同和教育だより」No.32、二〇〇四年一〇月一二日）

育休中の一九九九年七月、国会で「国旗・国歌法案」が可決。以後、政府が強制することはないと明言していた日の丸掲揚、君が代斉唱の有無を言わせぬ強制が進む。私は、その前も後も抗い続けてきた（子どもたちとお別れする卒業式直前の最後の授業では、ずっと、以下のように思いを伝えてきた〔「最後の授業に」〕。松本治一郎の思想を対置してきた）。ある卒業生は、卒業後、新聞にこんな投書をした（「先生、また会おうね」〔六九ページ〕。「チャンプ」は、当時の私のあだ名）。

最後の授業に

日本国憲法公布60年
時代の岐路にある今、R中を巣立っていく君たちに
最大の人権侵害、戦争を拒絶し、平和を構築していく人間に！
先生の原点――戦後の確認〃教え子を再び戦場に送るな〃

二〇〇六年二月二三日

「戦争犯罪！」その手を血で染めた教師の誓い

私たち教職員は、過去、子どもたちに「天皇のため、国のため、命を賭して敵と闘うことは、臣民として最高の栄誉である」と教えることにより、教え子を、15年にわたるあの侵略戦争にかりたてました。また、他民族や他国家、他国民を差別し、憎悪し、蔑視する意識や感情をかきたて、増幅することによって、国の内外において、朝鮮の人たちや中国の人たちに対して、言語に絶する残虐行為を犯すことに手を貸し、戦争犯罪に加担したことによって、自らの手を血で染めたというあがなうことのできない歴史的経緯をもっています。

逝いて還らぬ教え児よ
私の手は血まみれだ
君を縊ったその綱の
端を私は持っていた

しかも人の子の師の名において
嗚呼！
「お互いにだまされていた」
の言訳がなんでできよう
慚愧、悔恨、懺悔を重ねても
それが何の償いになろう
今ぞ私は
汚濁の手をすすぎ
涙をはらって君の墓標に誓う
「繰り返さぬぞ絶対に！」

（高知県教組機関誌「るねさんす」44号、1952年より）

この詩は言うまでもなく、あの侵略戦争にかかわって犯してきた教職員の戦争犯罪を、苦痛なうめきとして贖罪し、再び繰り返さぬと誓ったものです。私たちはこのような苦汁をともなった体験をもとに61年間「教え子を再び戦場に送るな」と叫び続けてきたのです。

大阪府同和教育研究協議会「平和・人権プロジェクト」編
『平和・人権ヒロシマ・ナガサキ修学旅行――被爆を被差別のおもいに重ねながら』

1　歴史の教訓を生かす

・魂の自由を――「君が代」のこと。

「過去に目を閉じる者は、現在に対しても盲目となる。私たちは、人間とはとんでもないことをやってしまう存在だということを、歴史から学んだ。とくに若い人たちに、他者と敵対するのではなく、協調して生きるすべを学んでほしい」

（敗戦40周年の年に、ワイツゼッカー前独大統領が世界に向けて語りかけた演説から）

・南ア初の黒人大統領、ネルソン・マンデラの思想を。

「私は白人支配にも、黒人支配にも反対して闘ってきた」

・小さくても、キラリと光る国に。

「ニッポンって、どんな国?」――「国をあげて、貧困や戦争や病気や災害で苦しんでいる各国の人たちをせっせと助けている東洋の国だよ」

2　あったかい人間、賢い人間に

先生のおふくろの死　25年前の3月3日

・おふくろの病、白血病

「知らなければ、それでいいというのではない。知らないならば知らなければいけない。知ったなら、それを人に伝えなければいけない。ヒロシマに終わりはない。終わりがあるとすれば、それは、すべての核がなくなる時だ。……人間がつくったものが人間を苦しめるのなら、人間がなんとかしなければいけない。……一人で、何ができるかを、まず考える。一人がやっていれば、二人になる。一人でやってきたから、こうして広がってもいく」

(被爆の後遺症と闘いながら、ヒロシマを語り続ける佐伯敏子さん)

・3月3日という日　全国水平社創立(1922年)

なお続く差別の現実
「貴なければ賤なし」（松本治一郎）
あの日のタクシーの運転手さんのように……。
狭山事件の石川一雄さんの闘いに学ぶ
「教育の機会奪われ過去の吾　生死を賭して獄で学ばむ」

3
先生から君たちへ、贈る言葉
〃人の世に熱あれ　人間に光あれ〃
〃原爆を許すまじ〃を歌って、君たちとの学び合いに幕を閉じます。
すばらしい３年３組のなかまたち。１年間、ほんとうにありがとう。

●先生、また会おうね

（上尾市・チャンプのかわいい私・15）

先月の卒業式。「熱血教師」は「君が代」を歌わず着席し続けていた。

私たち以外の中学生は、きっと君が代のことなんて知らないと思う。でも私たちは先生といっぱい議論をした。戦争のこと、天皇のこと……。

私も歌おうかどうか悩んだが、歌うことにした。歌詞には納得できないけれど、卒業の日だから全部歌いたかった。

「おれは泣かない」なんて言っていたのに、「年のせいだな」と涙を流した姿もすてきだった。

そんな先生が好きだから、いつまでも変わらないでいてほしい。十年後、私たちも立派な大人になるから、すてきなパパになった先生とまた会いたいな。

（『朝日新聞』1998年4月18日）

6　もうひとつのむらへ

二〇〇〇年四月、もうひとつのむらがあるR中に赴任した。二〇〇二年三月末、地対財特法（地域改善対策特定事業に係る国の財政上の特別措置に関する法律）の期限切れを迎え、同和教育推進教員も位置づけられなくなる。私は二年間の担任を経て、児童生徒支援教員となった。社会的格差が徐々に広がり、「貧しき子ら」が彷徨《さまよ》っていた。支援教員として、そんな子どもたちを追う日々が続く。私が所属する埼玉県人権教育研究協議会の地域組織の機関誌に、以下のように記した。


旧同推教を引き継ぎ、二年目が終わろうとしています。

子どもたちの状況が厳しい。家庭の状況もまた厳しい。

教室・学校から彷徨い、家庭から彷徨う「貧しき子ら」の群れ。「日本型ストリートチルドレン」。

「わが国の戦後教育史上、これほど子どもたちがいためつけられ、利用されたことはなかったのではないか」（中村拡三「子どもの変ぼうと解放教育」『解放教育』一九八三年七月）

――そうした思いを一層強くします。

支援教員としての私がやっていること、やろうとしていることは二つです。

彷徨う子どもの横にいること。ただいること。――自己への信頼を失っている子どもに自尊感情を。

もう一つは、「くつべらし」[※]を職場の合言葉にすること。――同和教育の成否は、学校全体が子どもたちの背負うものにどう向き合っているかということに帰結します。成育史と生活背景を。「足で稼ぐ同和教育」の理念と手法を職場集団のものに。
※子どもや親の生活背景を知り、それを教育課題にしていくために、家庭訪問をくり返していくこと。同和教育の原点として大切にし続けている。

そんな子どもたちを追いながら、懸命に授業を創った。「いじめ」をテーマにした授業、三年間続けた年度はじめの人権学習、そして、部落問題学習（「人権・同和教育だより」）。

先週の水曜日（6月11日）、2年1組で「道徳」の授業をやらせて頂きました。テーマは「いじめ」です。

埼玉県上福岡市（1979年9月9日）、大阪府高石市（1980年9月16日）、福島県いわき市（1985年9月25日）、東京都中野区（1986年2月1日）、岡山県総社市（1994年5月29日）、愛知県西尾市（1994年11月27日）、神奈川県津久井郡津久井町（1994年7月15日）。

何があった日か、問題提起した後（いずれも、いじめによる自殺）、上福岡三中問題（「人権・同和教育だより」No.34、2002年）と津久井いじめ自殺事件のことを伝えました（後者は、前任校（W中）の文化祭（1997年）で、学年劇にして発表した事件です。いじめが原因で中学二年生の時自殺した平野洋君のお母さんがW中まで来て下さり、劇の最後の場面で、舞台から母親としての思いを短く語って下さいましたが、その時の声も聞いてもらいました）。

差別やいじめに対する人間の態度・立場には7つある――①加害者（差別をする人）、②

被害者（差別され、実害を被る人）、③傍観者（差別に気づいていても、ただ見ているだけの人）、④批評者（差別の是非を論じるだけの人）、⑤扇動者（差別をあおりたて、させる人）、⑥制止者（差別に気づいたとき、それを許さずやめさせようとする人）、⑦撤廃者（日常的に差別をなくすために行動する人）、と投げかけ、10分程度CDを聞かせました（「17DAYS～いじめよ、とまれ！」（1994年12月2日、大河内清輝くんの死が伝えられた。ハートボイスでは12月5日からみんなのリアクションを待った。それから17日間。その間に届けられたメッセージは約500。このCDには、その中から46人分の声を選んで編集してある。いじめがとまりますように。そんな願いを込めてあなたに贈ります）――「道徳」等で活用して下さい）。

最後に、私が教員になって間もなく出会ったH（M中。被差別部落出身の生徒です）との関わり、その時のクラス（私が担任したはじめての3年生）の仲間の関わりを、当時の学級通信（すいみゃく）で紹介しました。

感想を書いてもらいました。何名か、紹介させて頂きます。

「僕は、岩崎先生の話を聞いて、いじめについて深く考えさせられました。僕は、……傍観者の立場だと思いました。……見て見ぬふりをしないで、いじめをやめさせたい

「……」

「……一番印象的だったのは、いろんな人の声がつまったCDです。イジメられてた人たちなどの生の声をきいて、その人達のつらさが痛いほど身にしみました。……イジメられてた人がどんなに苦しんでいたのか……、それが本当に分かっていれば、イジメは止められたと思います……」

「私は、いわさき先生の話、特に先生が3年生を担任した時の話がとても印象にのこりました。クラスの女子が何人かすごくがんばって教室につれてきたり、先生も家にいったり、Hさんのことをすごく考えていると思った。……クラス全員で本音で話し合ったのもすごくよかったと思う……」

「私は、岩崎先生が最後にはなしてくれた女の子のお話が、一番心に残りました。私は今まで、『登校きょひなんて、する人の心が弱いだけだ』と、ずっと思っていました。でも、今日の授業でその考えが変わりました。……その子が泣きながら学校に来た……その時、とても感動しました。そしてもっと感動したのは、その登校きょひをしていた子がやっと来たのに、ちっとも気にかけない男子に、ある子が『Hちゃんがせっかく来たのに……』と言っていた所で、もうすっごく感動しました。……その事がきっかけでクラスの団結が高まったなんて、ドラマみたいで……」

「今日の先生の話を聞いて、なんだか、いじめられること、いじめることがとてもこわいことだなあと思いました。先生が渡してくれた『すいみゃく』のプリントを見て、いじめられてる子がどういう思いなのか、ということを思い知りました。それに立ち向かう人達はすごいなあと思いました。……もしもクラスでいじめがあったら、1人でも多くの人が立ち向かえば、いじめだって消えるような気がしてきた……」

「僕は、いままで、たくさんの人権やいじめなどの授業を受けてきましたが、今回の授業は、内容のすべてが自分の心に強く突き刺さったように感じました。僕は、いじめたこともあるし、いじめられたこともあります。いじめられたといっても、そんなにひどいいじめではなく、むしろいじめといえるかというくらい軽い悪ふざけのようなものでしたが、やられた時は嫌な気持ちにはなりました。しかし、人をそんな気持ちにしたことのある自分もあると思うと、自分は深く反省する必要があると、今回の授業で自覚しました」

私の空回りした授業でも、こんな受け止め方をしてくれた2年1組の生徒をうれしく思います。お互いの実践を交換し合い、人権・同和教育を本校の中核に位置づけていきましょう。

（「人権・同和教育だより」No.16、二〇〇三年六月一八日）

２００５年度の学級開きから10日。子どもたちをとりまく厳しい状況が続きますが、そうであるからこそ、手応えのある実践を創りあげていきたいものですね。

３年生の年度初めの人権学習。今年度も、各クラスで授業をさせて頂きました（現３年生は、１年生の時から毎年、年度始めに各クラスで人権学習をやるよう、岩崎へのうれしい依頼があり、以下の内容で行ってきました）。

１年生の時：「新生南アのために――ネルソン・マンデラ大統領の生き方から」

獄中27年半。アパルトヘイト体制と闘い続けた不屈の精神。１９９４年、黒人のマンデラを大統領とする新政府が発足しました（翌１９９５年に結婚した岩崎は、新婚旅行で南アを訪問し、黒人居住区であったソウェトにも足を運び、新生南アの息吹を感じ取ってきました）。

「私は白人支配にも、黒人支配にも反対して闘ってきた」（ネルソン・マンデラ、1964年）。副大統領に白人のデクラークを任命した、その意味を考えさせました。

2年生の時：「日本のアパルトヘイト＝ハンセン病」

ハンセン病の歩み、人権侵害の数々について伝え、終生強制隔離をもたらした責任、そこから何を学ぶべきかを問いかけました。世界に例がないほどの隔離政策を続けた国の責任は言うまでもありません。が、それを許した岩崎も含めた私たち一人ひとりの沈黙と不作為を問わないわけにはいかないでしょう。無知と無関心が差別をつくると。

そして、3年生になった各クラスでの先週の人権学習は、「アイヌ民族の人権」を取り上げました。

萱野茂さんの写真を見せ（先月の3学年旅行で二風谷を訪問した時に、ご一緒に撮らせて頂いた写真を拡大したもの）、どういう方か予想させる。→アイヌ語の紹介（公民の教科書でも紹介されている、萱野さんが国会議員だった当時、アイヌ語で質問した時のもの）。→現状を知る（北海道に住むアイヌの人々の人口は、２万３７６７人（１９９９年の北海道ウタリ生活実態調査）。都内には、２７００人（１９８５年の東京都の生活実態調査）。本校校区にもいらっしゃる）。→先住民族としてのアイヌの人々（北海道の地名のほとんどがアイヌ語が起源。例えば、札幌、稚内、知床、根室、襟裳……）。→和人による侵略と支配、同化を強いられた歴史（江戸時代の「シャクシャインの戦い」、明治時代の「開拓使仮学校の事件」、「人類館事件」を例に）。→差別の現実（最近において、何らかの差別を受けたことがあると答えた人は12・4％（アイヌ民族に対するアンケート調査。１９９９年の「北海道ウタリ生活実態調査」）。アイヌ民族である中学生の人権作文を読む（『人権教育指導事例集（中学校・高等学校編）』２００４年３月、埼玉県教育委員会））。→アイヌ文化振興法の制定（１９９７年）と先住民の人権（世界70ヵ国、約３億人と言われる世界の先住民の人権を保障していくことは、国際的な課題になっている）。……

校区にアイヌ民族の方がくらしている本校です。人権教育の取り組みの一つとして位置づけていきたいと、ずっと思っています。

4月11日の職員会議で、「人権教育を進めるに当たって」及び、「2005年度　R中学校人権教育の計画」を説明させて頂きました。ありがとうございました。力不足で、意を尽くすことはできませんでしたが、同和地区出身の卒業生のAやB、在校生のCやD、……のことを思いながらの説明でした。お渡ししたプリントに再度目を通して頂き、再確認して頂ければありがたく思います。

「……たとえ部落差別が眼前にあったとしても、それを差別と認識できなければ対象化することは出来ません。……子どもや親の生活実態の中に部落差別を読み取れるかどうかが問われているということです。そのことが可能になって、はじめて部落問題を教育課題として受けとめることができるということではないでしょうか」（川向秀武〈福岡教育大学名誉教授〉「同和教育が提起してきた課題」）。――同和地区の生徒はもちろん、様々な課題を背負った生徒に、解放を実現する力、生きていく力を保障していくために、不可欠の力量と思います。「くつべらし」「足で稼ぐ同和教育」を継承していかなければならない所以です。

（「人権・同和教育だより」No.3、二〇〇五年四月一八日）

2月15日、2年2組の「道徳」の時間に、社会科の授業（?）をさせて頂きました。S先生の、人権連携学習としての2時間の「道徳」の授業を受けて実施したものです。「牛のかたき討ち」「おじいちゃんの入院」を通して目指された人権意識を、社会認識を育むことで少しでも深めさせたいと授業に臨みましたが、またしても「一人芝居」の授業になってしまい、申し訳ありませんでした。

2月15日は、父の命日でした（昨年のこの日、他界しました）。父の戦争体験に少し触れ、また、27年前の3月3日に他界した母の病にも触れることで、導入としました（「人権・同和教育だより」No.69、2006年3月3日）等にも記しましたが、私の母は、突如、白血病に襲われ、苦しみぬいて〔最後は、脳内出血で悲鳴をあげた後、意識を失いました〕、51歳で亡くなりました。火葬した後、骨が形を残さないほど、体内は破壊されていました。母は被爆者ではありませんが、私にとって母の死は、今なお被爆後遺症と思われる白血病の苦しみで亡くなっていく被爆者の方たちの姿と重なりました。そして、母の死から59年前〔1922年〕の、同じ3月3日という日。全国水平社の創立。部落問題に向き合いはじめていた私には、やはり、重なる思いでした）。

西光万吉の被差別体験と水平社結成への熱い思いに触れさせた後、「牛のかたき討ち」に登場する「ツキ人」＝被差別部落の人に関わって、以下の2つの切り口から部落問題学習を展開しました。

①分裂支配――部落の人に「ツキ人」や、百姓一揆・打ちこわしのリーダーへの処刑の役をやらせることで、民衆の怒りを部落の人々に向かわせる。

②■世界に誇る文化を担った――「解体新書」に関わって、部落の人の解剖技術が、近代医学を開くことに貢献した。「歴史・文化・民俗などでは、被差別民はひじょうに大きな仕事をしてきた事実を全大衆の認識にしなきゃいかん。歌舞伎、人形浄瑠璃、能、狂言、万歳など日本文化の根底を創ったし、音楽、舞台、芸能、園芸、文学でもそうで、たとえば中上健次は戦後最大の作家に数えられる」（沖浦和光〔桃山学院大学名誉教授〕「部落解放運動に大きな魂を」『解放新聞』二〇〇八年二月一一日）。

■たくましく生きる人々であった――「……江戸時代の中ごろには、農業生産がのびなくなり、A村のように人口が増えない傾向が全国的に強まりました。しかし、B村など差別された村では人口が増えています。これらの人々は、……農業以外にもさまざまな仕事をして、けんめいに生活を守りました。また、命を大切にし、たがいに助け合って暮らす伝統が強かったことも、人口の増加を支えました」（歴史教科書『新しい社会　歴史』東京書籍）。

■人間としての誇りをかけ、命懸けで立ちあがった――「……渋染一揆と呼ばれる強訴を闘った部落の人々のエネルギーは、差別を許さず、家族の命とくらしを守りぬいた、人間としての誇りでしょう。その誇りは受け継がれ、……全国水平社が岡山県でも結成された時、県本部は、強訴の拠点であった神下村に置かれました」（久保井規夫「差別反対の闘いがわき上がる　渋染一揆」『江戸時代の被差別民衆』明石書店）。

1871年、身分解放令。が、変わらない民衆の差別意識。解放令反対の一揆、五万日の日延べ（奈良県の岩崎村では、解放令を喜ぶ部落の人たちに隣村の庄屋が「お上の布告は五万日の日延べになったらしい」と偽りを述べた。1871年から五万日というと、ほぼ今年にあたる！）。そして、「……私たちは決して祖先を恥ずかしいと思ったり、人間をばかにしてはいけない。そうして、人の世の冷たさがどんなに冷たいか、人間を同情してやることが何なのかをよく知っている私たちは、心から人生の熱と光を願い求めるのである。水平社は、こうして生まれた。人の世に熱あれ。人間に光あれ」（水平社宣言）へ。

以後、燎原の火のように広がった反差別の闘い。今日の授業を覚えていたら、どうか修学旅行2日目の京都での自由行動の時、岡崎公園の京都会館（旧岡崎公会堂）の奥の緑陰にひっそりとたつ「全国水平社　創立の地」の石碑の前に立ってくださいと。

そして、まとめは、再度、母の病死に関わって……。

27年前の3月3日。東京の日大病院に入院していた母が危篤になった午前2時30分。交通手段がなく、50CCのバイクで、○○駅の周辺をタクシーを捜すべく動き回るしかなかった私を、1日の仕事を終え、洗車していたタクシーの運転手さんが快く乗せてくれ、猛スピードで病院まで運んでくれました。母が息を引き取ったのは、病室に駆け込んで間もなくでした。母の死に目に会わせてくれたあの日のタクシーの運転手さんのように、「あったかい人間になっていってください」「弱い人の立場に立てる人間になっていってください（S先生の「おじいちゃんの入院」の授業の最後の言葉）」と。

　この子たちと授業をするのは最後になってしまうのだろうか。そんな思いもよぎり、用意してあった、西光万吉の自筆になる水平社宣言の一節〝人の世に熱あれ　人間に光あれ〟を全員にプレゼントしました（第35回全国同和教育研究協議会奈良大会で頂いてきて以来、出会ってきた生徒が卒業していく前の最後の授業で、ずっと渡してきました）。水平社運動の思想につらなる生き方をしていってほしいとの切なる願いをこめて……。

　人権連携学習、来年度以降も大切に取り組まれてください。

（「人権・同和教育だより」No.74、二〇〇八年二月一八日）


　手探りで創った総合学習については、三点のみ記しておきたい。

　二〇〇一年、「らい予防法」違憲国家賠償請求訴訟で原告勝訴。政府は控訴せず隔離政策の誤りを認め謝罪した。翌年の人権講演会に、ハンセン病元患者で多磨全生園入所者自治会前会長の森元美代治さんを招き、その苦難の道を語っていただいた。講演後、森元さんと交流した数名の生徒は、総合学習で学びを深め、同年、多磨全生園内にあるハンセン

高松宮記念ハンセン病資料館の前で（中央は森元美代治さん）。

病資料館を訪れ、森元さんに案内していただいた。

「遺族の思いに向き合いたい」。——九・一一同時多発テロ（二〇〇一年）に関心を持って調べ学習をしていた四人の生徒がそう言ってきた。一人ひとり、一生懸命に手紙を書いた。遺族の一人である白鳥晴弘さんに出会ったのは二〇〇二年一一月。白鳥さんは、「息子の死の意味を考え続け、憎しみを乗り越えて、テロが起きない土壌、社会を創っていこう、そのためには教育が最も大事。アフガンの子どもたちの将来を手助けするのが私の仕事……」と、アフガンへの支援活動に取り組みはじめていた。「学年の仲間にも、白鳥さんの話を聞かせたい」。四人の生徒と私のそんな思いで、卒業一ヵ月前の二〇〇三年二月一四日、R中の体育館で講演していただくことになった（「海の向こうへ夢を求めて――九・一一で息子をなくした父親からのメッセージ」）。日本テレビの取材が入る。真剣なまなざしで聞き入る子どもたちの姿が、同時多発テロ二年の二〇〇三年九月一一日の番組で映し出された。巣立っていった子どもたちへ、大きく大切なメッセージを届けられたと思う。

2月14日（金）、3年生最後の総合学習になります。卒業をちょうど一ヵ月後にひかえ、白鳥晴弘さんの講演会を実施することになりました。昨年11月24日に4人の生徒とお会いしたことは、「人権・同和教育だより」No.41で簡単に触れましたが、選択型総合学習で「人権・共生」を選び、9・11同時多発テロの遺族と会うことを決意したその4人の生徒の白鳥さんへの手紙のことから話して頂けるようです。

前章　4人からの手紙より
1　一人の生き方

……

2　9・11のお話
3　敦の少年時代
4　アメリカ行き
5　私（父親の子供時代）
6　映像、どうして……なぜ、アフガン？
7　感動する、岩崎先生との会話
8　全国からの手紙と寄付、そして本（出版）の話
9　政治
10　グランド0の映像と、マスコミ
11　社会へ巣立つ、皆さんへの贈る言葉

（白鳥さんのレジメより）

（「人権・同和教育だより」No.53、二〇〇三年二月一二日）

2月14日の白鳥さんの講演会、大変お世話になりました。話を一層ふくらませて頂こうと、私の方から以下の2点を質問しようと心の中で準備していたのですが、躊躇してしまい、悔いが残ります。

……

「最愛の息子さんと、9・11後、どう対面されたのか。言葉には言い表わせないだろう深い悲しみと絶望。そして、心の底からの憎しみ。私なら、我が子が同じ状況におかれたら、相手を八つ裂きにする。自分が犯罪者になろうと。そういう感情になる。白鳥さんも同じだっただろう。その憎しみをどうのりこえられたのか。アフガンの子どもたちへの支援に、想像を絶する葛藤を経て、どうたどりつかれたのか」。

「私もカンボジア等、途上国を何度か訪問した。そこで感じとったことは、世界中の名もなき民があえぐように求めているのは、平和と、誰もがめしにありつける地球ということ。そして、白鳥さんが今歩まれようとしている道が、平和憲法をもつこの国の手本になるし、世界の中で名誉ある地位をしめたいと思う日本人一人ひとりの手本にもなるのだと思う。3月末にアフガンを訪問される白鳥さん。今後、具体的にどういう活動にとり組もうと考えられているか」。

が、生徒全員の感想文を読みましたが、ほとんどの生徒が、私の悔いを消し去るようなまっすぐな受け止め方をしてくれていて、ほっとしています。いろいろあった3年生ですが、3年間で、人間的な心を育ててくれた、まっとうな人権感覚を身につけて巣立っていってくれる、そんな思いにさせられました。

……

「……子どもたちは将来、イスラムの人とか、社会主義国の人など、いろいろな考えの人たちとどうやって理解し合い、平和とか環境をどう守るか、そういう大問題に立ち向かっていかなければならない。そして、たとえ自分と違っていても、相手を信じたり、理解したり、尊敬していくには、どういう生き方になるのだろうか――。本当の教育が取り組むべきモチベーションはここにあるわけです」（暉峻淑子（埼玉大学名誉教授）「対談　市民社会と教育改革――市民を育てる教育のあり方」『教育と文化⑰』教育総研）。

（「人権・同和教育だより」No.54、二〇〇三年二月一九日）

……

また、修学旅行も、総合学習をふまえ、平和、人権の学びを意識した取り組みとして進めた。五つのコース（奈良の水平社博物館、滋賀の琵琶湖博物館、大阪の人権博物館＝リバティおおさか、国際平和センター＝ピースおおさか、兵庫の人と防災未来センター）から一つを選択させて学ばせた学年、立命館大学国際平和ミュージアムまたは全国水平社碑（全国水平社創立の地）をチェックポイントとして、そこでの学びを深めさせた学年、京都市にある「世界人権問題研究センター」の人権ガイドを各クラスにつけ、人権の視点で寺社等を巡らせた学年――それぞれ、意義ある取り組みだった（「伝統文化」に触れるといった思考停止、漫然と有名な寺社を巡る、班別に行動させることを自己目的化する、そうした修学旅行は、いい加減やめるべきだと思う）。

昨年、私の教職生活最後の修学旅行があった（二〇一六年五月二九日～三一日）。若い教員が担当になり、子どもたちをよくリードし、子どもたちも大いに楽しんで思い出に残る三日間にしたと思う。が、やはり空しさは拭えない（日和見を決めこんで、何の対案を示すこともしなかった私に言う資格はないけれど）。それでも、私の願いに応えてくれた子どもたちもいてうれしかった。二日目の京都市内の班別行動で、いくつかの班が、全国水平社

全国水平社碑の前で。

尹東柱の詩碑の前で。

碑の前に立ったこと。そして、ある班は、私が青春時代を過ごした同志社大学のキャンパスの中に建つ、戦時中、同大で学び、ハングルで詩を書いたとして治安維持法違反で検挙され獄死した、尹東柱の詩碑の前に立ったことも（何度も取り組んできた修学旅行ではじめてだった）。子どもたちとキャンパスを歩き、同大の創立者である新島襄の言葉が刻まれた碑の前にも立った。子どもたちといっしょに読む。〝良心の全身に充満したる丈夫の起り来たらん事を〟

私の教師としての歩みは全同教（全国同和教育研究協議会）とともにあった。はじめて参加した第三五回全同教奈良大会（一九八四年）。教員四年目の年だった。深いところにズンズンと迫ってくる実践、フロアからの発言。ふるえるような感動を覚えた。自分の教師生活の中で、報告者の席に座る日が来ることなどあるだろうかと思った。

会場に置かれていた、西光万吉直筆の水平社宣言の一節〝人の世に熱あれ　人間に光あれ〟と記された色紙を買った。私の最も大切な教材として、何度子どもたちに見せ、語ってきたことだろう。特に、三学年の授業を担当した年には、それをコピーし、最後の授業で必ず一人ひとりにプレゼントしてきた。何年前だっただろうか。W中の同窓会が開かれ

第54回全同教大分大会。

た時のこと。乾杯の後、一人の卒業生が寄ってきた。「私、高校生の頃から精神的に病み、人との関係もうまく持てず、仕事も続けられずに苦しんできたんです。命を絶つことも考えた私の支えになったのが、先生が最後の授業の時にくれた水平社宣言でした」と、涙で語った。一人の人生を救った水平社宣言。その思想を、出会ってきた子どもたちに届け続けて良かったと思った。いや、私に水平社宣言の思想がわかっているなどとはおこがましい。これからも、それに近づいていく生き方を重ねていかなければならないと思う。

奈良大会以後、全同教大会にひたすら通い続けた。昨年の大阪大会が二一回目の参加になる（うち、報告者として五回、司会者として五回参加した）。

R中二年目に担任したクラスにAがいた。R中ではじめて出会い関わったむらの子だ。ここでも自分のあり様が問われ続けた。埼玉県人権教育研究協議会の研究集会で、ぶつかってきたことをそのまま差し出すしかなかった。翌日。思わず大きな声をあげてしまうほど驚いたが、埼人教事務局から、この年の全同教大会で報告するよう連絡をもらった。第五四回全同教大分大会（二〇〇二年）。すでに、教師生活二二年が経っていた。「いま、もう一度、差別の現実に学ぶことから」――そんな思いで精一杯報告した。

昨年度、出身のAが中2の時、担任になりました。

2年前、Aが中1の時、祖父が学校にどなりこんできました。当時、中3だった兄の授業で、ある教師が煙草の害を説明しながら、彼に、「おまえは大丈夫か？　吸ってないだろうな？」と発言。兄の訴えを聞いた祖父がどなりこんできたのです。発言した教師、校長、当時の推進教員が対応しましたが、祖父の怒りはおさまらず、くり返しの糾弾が続きました。

昨年度、Aが中2の時、今度は父親が学校にどなりこんできました。Aは、途中で部活動をやめてしまったり、髪の毛を脱色したり、「非行」に走る○○とつき合う中、出歩きが続く等、揺れも目立っていました。夏のプールの授業も見学することが多かったようです。そんな中で、担当した教師が、「見学するなら医者に診断書を書いてもらってきなさい」と発言。なぜ診断書まで、それもAにだけ要求するのか。父親の怒りは当然です。発言した教師と校長、そして担任の私が対応しましたが、父親の怒りはおさまりません。私は、父親に思いをぶつけていきました。「お父さん、申し訳ありませんでした。ここは、飲みこんでください。Aのこと、必ずどこまでも寄りそっていきますから」と。父親は、「わかった。これからの様子を見させてもらう」との一言でした。

放課後、Aとよく四方山話をしました。やがて、父親と2人で飲みに行くことができました。建築業の仕事の苦労を話してくださる中で、「どうしようもないですよ」とくり返し言われていたことが忘れられません。仕事のつらさはもちろんですが、娘のAへの信頼と不安、語ってくださらないお母さんのこと、……部落のことを話せる関係にはまだなっていないのですが、この言葉に生活そのもの、部落差別の重さそのものがこめられているのだと思います。

2年前の祖父の抗議、昨年の父親の抗議、そして実は、1ヵ月ほど前、今度は私自身がA本人から抗議を受けました。

本校が例年行っている人権講演会。今年は、ハンセン病の元患者である森元美代治さんに、全校生徒にその苦難の歩みを語ってもらいました。「非行」に走っている2人の生徒は参加しませんでした。そのうちの1人は、Aがつき合っている○○です。ある日の授業で、私は、主観的にはまったくの「善意」で、2人にも森元さんの歩みから学んでほしかった、ちゃんと参加して聞いてほしかったと発言したのです。その瞬間、Aが、自分の筆箱を床にバタンと落とし、小さく「差別だよ」と。私には、何が起こったのか、なぜAが怒っているのかわかりませんでした。「差別だよ」という発言にひるみ、びびり、もっと正直に言えば、2年前に祖父がどなりにきたこと、昨年、父親がどなりにきたことがよぎったのです。シーンと静まりかえる教室。うろたえる私。やがて、ようやくAの怒りの意味に気づいた私は、Aにあやまります。いや、あやまってしまったといった方がいいのかもしれません。彼女の表情は硬く、私を拒否していました。以後、私とAとの関係は、ずっと改善できずにいました。

祖父、父、そしてAと、三代にわたる抗議。

このレポートを全同教に出すにあたって、地元の仲間や東日本の仲間から厳しく温かい指摘をたくさんもらいました。

3人とも、人間として差別に対して正当に抗議している。意思表示している。何が差別なのかを3回も教えてくれている。個としての抗議はそれが精一杯。それを受け止めた教師はいたのか。今度はおまえが、何をAや父や祖父に返していくのか、差別にフタをしている教師にどう返していくのかが問われているのではないか。それが、差別の現実に学んだあかしだ。正面からぶつかっていかなくっちゃダメだ、と。

その後のことです。私は、Aの父親やAの友達、そしてA自身からもほんとうに助けられました。

Aとの関係に悩んでいた私ですが、思いきって、父親に相談があると連絡をしました。学校に足を運んでくれた父親に率直に話しました。父親は、「先生、あやまったこと、ダメだよ。あやまったら結局、Aは、自分とつき合っている○○たちのことを、先生は悪いやつと見ていたのかと思うし、弁解になる。先生は、そういう気持ちで話したんじゃないんだろう。自分を良く見せようとしちゃダメ。しばらく様子を見て、ストレートに話していったほうがいいよ」と、私を励ましてくれたのです。

Aは今、クラスの中で、3人グループの友達がいます。ある日、Aのクラスの自習監督に行った時のことです。Aの友達が、私の様子を察して、「先生、何か話がしたいんじゃないの?」と声をかけてくれたのです。私は3人の近くによっていき、Aにストレートに気持ちをぶつけました。Aはまだ少し、うっとうしそうにしていましたが……。Aの友達の生徒も、つらさをかかえています。お母さんが韓国からいらした方で、今の日本人のお父さんと結婚し彼女を産む前に、韓国で2人の子どもを産んでいることをお母さんから告げられたとまどいを吐露してくれました。私と彼女のやりとりを、何も言わずに聞いていたAです。

実は、ちょうど10日前、Aの父親から、担任にではなく私に電話がありました。「先生、話があるんで、今から学校に行こうと思うんだけどいいかい?」と。40分くらい話しました。内容は、2つでした。1つは、Aのその後のことを伝えにきてくれたのです。「家で、

Aから『先生ともめているんだ』と話し始めたので、『あやまったことは弁解しているみたいで先生がおかしいけど、でも先生の言い分はこうだよ』と話しておいたよ。それに、『先生がまた、お父さんと飲みたいと言ってたよ』なんて言うんだから、気にしないで大丈夫だよ。今まで、あんまり気にかけてもらってきてない子だから、先生みたいに大事にしてくれるんで、かえってとまどっているんだよ」とまたしても励ましてもらいました。

もう1つは、担任への不信でした。腸炎になってしまい、3日ほど学校を休むことになったA。「そのことを電話で伝えたら、担任は『ほんとうですか?』なんて言うんだよ。そういう言い方ってないだろう。頭きちゃって、学校に行って言おうかと思ったんだけど、Aも止めるし、やめといたんだ。これから何かあったら、先生に相談にのってもらうよ」

——そんな気持ちを伝えに足を運んでくれた父親です。また飲みに行くことを約束しました。まだまだ細い糸だけど、Aや父親の思いに少しだけつながれたかなあと思っています。

しかし、ここでもなお、部落のことを話せない自分がいた。Aの父に、何も聞けなかった私だった。

「何でそんなことを聞くんだ」と拒絶されるのではないか、強い怒りが私に向けられるのではないか、答えてくれても、それを引き受けていける覚悟はあるのかと心が揺れていた。「人は人なのに、なんで差別されないといけないのか。……どこがどうちがうのか、説明してほしい」と綴ったAの叫びを、父や祖父に返せなかった私だった。Aの精一杯の思いと受け止めたはずなのに、細くつながった父や祖父との関係を壊すことになるのではと恐れ、返すことができなかった。部落をAに伝えることは大切なこと、素敵なことと、本当には思い切れていなかったのだと思う。

7 Yのこと――この子の力を信じて歩んでいきます

その後、同じR中でYに出会う。友達の心ない言葉が直接のきっかけになり、一年生の三学期からまったく学校に来られなくなったY。部落差別によるえん罪である狭山事件を闘う父や、Yの苦悩に寄り添い必死に動く母とつながりながら、Yと関わっていった。家に何度も足を運び話した。が、「狭山はYの問題なのだ」「Yが暮らすこのむらが部落なのだ」と伝えることはできずにいた。伝えることが、不登校に苦しむYを一層苦しめる、追い込むことになるという危惧があったのかもしれない。まだ、出身を知ることは辛いことという意識にしばられていた私だった。やがて、私に、部落に暮らしてきたご自分の歩みを語ってくれたYの母は、「子どもを見つめて――息子との一年九ヵ月〜この子の力を信じて歩んでいきます〜」とYへの思いを綴り、第五七回全同教宮崎大会で私と共同で報告することを決意される。

第 57 回全同教宮崎大会。

私は、翌二〇〇六年の全同教「豊かな人権教育の創造」実践交流会（石川県）、全同教「東日本同和教育講座」（神奈川県）でも、魂を込めて取り組んだR中での人権教育の実践と併せて、Yとの歩みを報告した（「いま、ようやく、むらの教師として」）。『であい』（全同教広報誌『月刊同和教育』）に掲載された実践交流会での報告内容を転載する。

いま、ようやく、むらの教師として

埼玉県人教・X市立R中学校教諭　岩崎正芳

1．問われ続けてきたこと

県内では比較的大きな被差別部落がある本校。

これまで、幾度となく、被差別の側からの正当な抗議をつきつけられてきました。同和教育推進教員を拒否した教師への部落解放同盟からの抗議。アイヌ民族である北原きよ子さんの、息子さんが在学中に受けた、「自分が子どもの時に感じた痛み以上に、お腹がぎゅっと絞られるような辛い」いじめの経験と抗議。Aの父や祖父からの糾弾。そして、Yを不登校の状況に追いつめた私たちの対応へのお母さんの問いかけ……。同和教育、人権教育の内実が問われ続けているのだと思います。本校が、そして旧同推教を引き継いで5年（本校に赴任して7年）になる私自身が、被差別の側から学校や自分をとらえかえす目をどれだけ獲得し得たのか、検証していかなければと、報告を引き受けさせていただきました。

2．人権総合学習の展開

〝当事者に学ぶ〟〝差別の現実を生き抜いてきた方々との出会いから深く学ぶ〟――人権教育を「本校教育の柱」として位置づけ、「3年間にわたる人権教育の体系化を進める」との全教職員の確認が、豊かな人権教育の実践として具体化されるためにも、根幹にすえてきました。

被爆者の永井貞雄さんや肥田舜太郎さん、ひめゆり学徒隊として沖縄戦を体験した与那覇百子さん、ハンセン病元患者で多磨全生園入所者自治会前会長の森元美代治さん、犯罪被害者支援の会（appui）の代表理事で少年犯罪被害者遺族の飯島京子さん、在日韓国人の崔辰洵さん、9・11同時多発テロの遺族でアフガニスタンの子どもたちへの支援に取り組む白鳥晴弘さん、水俣病患者の大村トミエさん、関東ウタリ会前会長の北原きよ子さん、……人権講演会や総合学習で出会った方々です。

白鳥晴弘さんとの出会いから

・白鳥さんが「この話をするのは、まだ辛いところがある」とおっしゃった時、私の胸も熱くなりました。息子さんが亡くなった後、……自分の残りの人生で、一体何ができるのか、息子は何を望んでいたのかを考え、行動に移すことができるということが、とてもすごいと思いました。私も経験を積み、自分は今、夢のために何ができるのかを、日々考えていきたいと思いました。多くの人に支えられ、たくさんの犠牲のうえに成り立っている毎日を、精一杯頑張りたいと思うことができました。

飯島京子さんとの出会いから

・命の大切さが痛いほどよく伝わりました。……毎日を精一杯生きます。

・本当に心に残るものがあった。生きることについて、深く考えさせられた。

・一人ひとりのお話それぞれにいろいろな思いがこめられていて、話を聞いて気がつくと涙がでていました。「もうこれ以上、お話しないでください」と言いたいほど、私の胸はしめつけられました。この講演会で、私はたくさんのことを学ぶことができました。そして最後に、一日一日を一生懸命生きていくと同時に、飯島さん、杉浦さん、くす野さんの思いが世界中の人に届くことを願っています。

そして、人権総合学習として2年前に取り組んだ人権校外学習は、本校の現状の中で成し得る精一杯の取り組みでした。2学年の各クラスが、それぞれの人権課題に向き合った7時間の事前学習（7時間目は、当事者の講演会としました）と当日の学び。その一部を記します。

1組　ハンセン病を学ぶ

・『ハンセン病　剝奪された人権』視聴。

・ハンセン病の歴史を学ぼう（1907年「らい予防法」の制定——2001年　熊本地裁判決）。

・歌、絵本（『時の響きて』）から、元患者さんの心の叫びを感じる。

・映画『あつい壁』視聴。

・講演　国本衛さん（ハンセン病違憲国賠訴訟全国原告団協議会事務局長）。

・校外学習　多磨全生園、ハンセン病資料館。

2組　同和問題を学ぶ

・狭山事件の概要説明。

・差別の歴史と現状——部落の人たちの果たした役割（生産・労働・文化）について考える。

・差別や偏見のない社会の実現——部落出身者の結婚差別や偏見と闘う逞しさや粘り強さ

について考える。
・狭山事件についてⅡ――事件の経過や裁判の争点、部落差別と冤罪について理解する。
・狭山事件についてⅢ――ビデオ視聴（『ザ・スクープ　見えない手錠をはずして――狭山事件42年ぶりの真実』テレビ朝日）により、事件を検証する。
・講演　古河邦子さん（部落解放同盟埼玉県連合会女性部）。
・校外学習　狭山現地、石川一雄さん宅、富士見集会所（石川一雄さん、早智子さんのお話）。

3組　途上国の子どもの現状を学ぶ
・「児童憲章」について理解する。
・ユニセフの仕事や意義を理解する。
・『忘れられた子供たち――スカベンジャー』視聴。発展途上国の現状について考える。
・講演　日本ユニセフ協会埼玉県支部。「めぐこ」（南の子どもたちの自立を支える会）。
・校外学習　フィリピン大使館、日本ユニセフ協会。

ことにつながると思うのです。

石川さんは24歳から冤罪を訴え続ける苦しい長い人生をおくっていますが、それでも夢も希望も、人を信じる心も、もち続けてきました。それは苦しい中にあって、自分を信じて力になってくれる多くの人に支えられたからです。

難しいことでなく、皆さんの仲間を大切にする心が自分を大切にすることにつながるとおもいます。自分がされたらいやなことを人にしない、それが人権問題だと思うのです。自分自身の人としての権利を守ること、守られなければ守るための行動も必要です。それが石川一雄の闘いであり、私の闘いだと思っています。

多くの考えや、多くのことを学び、皆さんがこれからも心豊かに生きることができますように・・・ありがとうございました。

2004年11月13日

石川　早智子

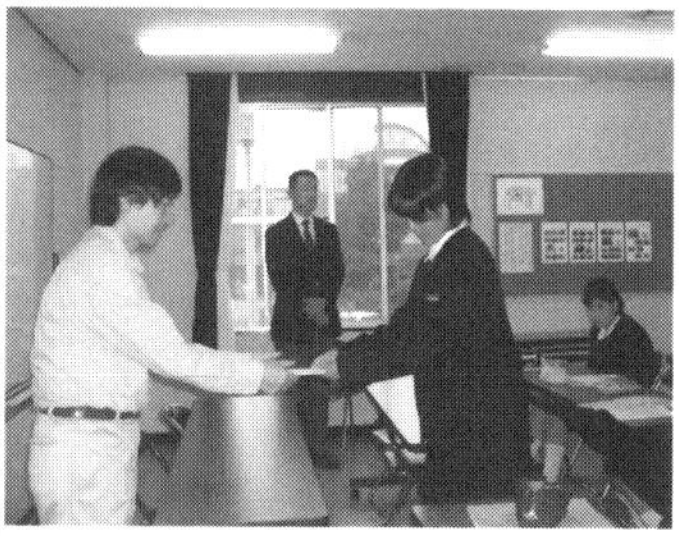

R中学校　校外学習（人権学習）
夢「同和問題を学ぶ」で狭山事件学習に来ていただいたX市立R中学校2年2組の皆さんと先生へ

先日はわざわざ、狭山まで「同和問題を学ぶ」で来て下さってありがとうございました。皆さんが来て下さってとてもうれしかったです。

狭山事件は埼玉県で起こった事件です。その埼玉県ではじめて中学校の人権学習として、この狭山に来てくださったことを、心から感謝していますし、うれしくおもっています。

この狭山事件で石川一雄が別件で逮捕された背景には「部落差別」があります。警察が被差別部落を集中的に見込み捜査をし、多くの被差別部落の青年が取り調べられました。「部落のものはやりかねない」と言う偏見が石川一雄を犯人にしたといえます。

中学生の皆さんが、人権を侵害されたり、侵害したりしない、人間の尊厳を守る、人として全ての人が基本的な人権を守られる権利、守っていく義務があることを学んでいることをとても素敵だと思います。石川一雄も私、石川早智子もそのような教育は受けることが出来ませんでした。当時、人権同和教育は皆無でした。石川一雄は義務教育すら不十分にしか受けられず、教育を受ける権利を奪われていたのです。

だから石川一雄は、学校の先生には「石川一雄を出さない」子どもさんには「石川さんにならない」という手紙を書き続けたのです。その中心にあるのは教育でした。教育を受けること、多くのことを正しく学んでいくこと、（同和問題、女性問題、ハンセン病、在日韓国朝鮮人問題等）は人を強くしていく、力にしていくことを石川一雄は、そして私も体験の中で実感しました。
だれも差別がいいと思っている人はいないと思いますが、「知らない」ことは差別を見過ごしたり、結果として自分が無意識のうちに差別を残していく

人の世に熱あれ人間に光あれ

教育の機会奪われ
過去の吾 生死を
賭して獄で学びも
石川一雄

4組　女性問題を学ぶ
・女性問題の歴史的背景を知る――荻野吟子の生き方から。
・『課外授業　ようこそ先輩　女らしさ・男らしさってなあに』（NHK）視聴。
・男女共同参画社会への課題を学ぶ。
・男女同権の先覚者に学ぶ――平塚雷鳥、市川房枝の生き方から。
・講演　With You さいたま（埼玉県男女共同参画推進センター）職員。
・校外学習　市川房枝記念展示室、女性と仕事の未来館。

5組　在日韓国・朝鮮人について学ぶ
・隣国を知る――『日本と関係の深い国・韓国』『世界不思議発見　朝鮮通信使』（TBS）視聴。
・戦争と植民地Ⅰ　『知ってるつもり　孫基禎』（日本テレビ）視聴。
・戦争と植民地Ⅱ　「朝鮮の友となった日本人――大川常吉」『報道ステーション　朝鮮人

虐殺事件』（テレビ朝日）視聴。

・今何が課題か。差別と偏見。未来に向かって。

・講演　康順善さん（高麗博物館の総合学習出前講座）。

・校外学習　高麗博物館、埼玉朝鮮初中級学校。

3．狭山を語れる教師に。狭山を教育課題に

教員になって27年。埼玉の教員として、毎年必ず狭山事件を語ってきました。職場の同僚にも、「人権・同和教育だより」を通して伝え続けています。

狭山への校外学習を提案した同僚。昨年3月、第2次再審が棄却された時、「先生、どうしてですか。おかしいですよ」と真剣なまなざしで訴えかけてきた複数の生徒。進学した高校で、友人に狭山事件を伝えている卒業生。狭山駅頭での情宣や現地調査に参加してくれた卒業生もいました。小学校からのいじめの傷がいえず、中2の時の大部分を教育相談室で過ごしたCが、地域同研と郡協女性部で取り組んだ狭山劇『明日をつなぐ』の舞台に立ち（県連女性部文化祭で発表）、狭山を訴える若者の役を好演した姿も忘れられません。

「学校を休んでも、教師は一度も家庭訪問に来なかった」「弁護士と検事の区別がつかなかった」（石川さん）。不登校や「低学力」を強いられている生徒が少なくない本校では、狭山を教育課題にすることは、実践の要です。それは、まだ緒についたばかりですが、「くつべらし」は作風になりつつあります。

今年度、赴任されたD先生。そんな作風を感じとってくれたのでしょうか。1学年が、入学後、初めて取り組んだ総合学習「いのち」のまとめの学年全体の集まりで、むらに生まれ育ったご自分の歩みを語ってくださいました。休みがちのEへの家庭訪問を続けているD先生。一緒に、子どもたちに狭山を伝え続けていければいいなあと思います。

4．この子の力を信じて歩んでいきます

昨年度、宮崎での全同教大会に、Yのお母さんと共同でレポートしました。要旨、以下のように報告しました。

私のレポートにあるYのお母さんと共同で報告させていただきます。

私自身は、旧同推教を引き継ぎ、支援教員になって4年目になりますが、むらの教師として立ちきれているかどうか、お母さんのお話から、もう1度自己点検していきたいと思っています。

そして、お母さんと夢を共有し、具体化していきたい、そんなことにも少し触れていければと思います。

Yは今、中学3年生ですが、1年生の3学期の途中から、まったく学校に来ていません。もう、1年9ヵ月になります。6年生だった当時、高1だった兄が荒れはじめます。つらい思いをいっぱいかかえて入学した中学校。部活動を一つの支えにし、つらさを内に秘めて中学校生活を送っていました。1年生の3学期がはじまって間もなく、彼のがんばりは限界を超え、とうとう折れてしまいました。直接のきっかけになった、「お前は選手になれない」「汚い、くさい」という友達からの発言。彼の誇りと夢を奪う「決定的」な言葉でした。が、支援教員として、学年集団に返していかなければならなかった私のお座なりの対応が、彼とお母さんを追いつめてしまいます。2年生になった時の家庭調査書に、お母さんは、「……登校拒否で学校に行けなくなっています。……悪気がなくでた言葉でも傷つくということ、……そういう時にどう対処するべきなのか、考えていただきたいと思います。登校拒否の子どもに目をもっと向けていただきたい」と記されました。Ｙとは、３年生になるまで、まったく会えない日々が続きました。

唯一、「2年生の夏に、それまでほとんど外出してなかったＹが、「ヒロシマに学ぶ埼玉子ども代表団」の一員として、被爆59周年のヒロシマに学ぶ旅に参加することを決意し、３日間、一緒に被爆の実相に向き合いました。原稿用紙7枚半も綴った感想に、この子は力があるんだなあと驚かされました。

けれども、その後、Ｙは苦悩を深め、ヒロシマを一緒に訪問した友達さえも会えない日々が続きました。

私は、お母さんから切れまいと向き合っていくことしかできませんでした。この頃のお母さんのつらさはお母さん自身が語ってくださると思いますが、ほんとうに必死に動かれていました。

部落にくらしてきたご自分の歩みを率直に話してくださったこともあります。不登校のままでこの3月に卒業していったMも、2年生の終わりから不登校になっているIも、むらの子であることを伝えてくれたのもお母さんです。昨年度の校外学習で、狭山事件の現地を訪問し、石川さんにも出会ったIですが、彼もまた、やがて不登校になってしまいました。今も、学校を、私を拒否し続けています。

そんな子どもたちや、同じつらさを持つ親御さんたちのつながりをつくっていきたい。お母さんの思いであり、私の思いです。

先月の29日、むらの集会所で、子どもが不登校にある親御さんの集まりである「親の会」が立ち上げられました。Yのお母さん、Iのお父さんを含め、9名が参加し、思いを出し合いました。

Yの今を受け止め、「この子の力を信じて歩んでいきます」と語るお母さん。お父さんの支えもあり、少し元気をとりもどしたYです。今年4月、3年生になった彼と、半年ぶりに会うことができました。その後、私が訪問するたびに、次々と思いを語ってくれます。

「すごくおちこんでいる時は、地獄でした。ものや人にあたりたくなる。頭の中で人をなぐることを妄想して晴らしたりしていました」「兄が荒れている夢をよく見るんです。心の底にずっとあって、それが出てくることがつらいんです」「お母さんがおちこんでいる姿を見ることもつらい。僕のせいかなあと思って」「自分がこんなに長く不登校になるとは思っていなかったけど、今はそれもよかったのかな、いい経験もできたし、と思っています。ヒロシマに行ったことが、いろんなことのスタートになったと思います。あれがなかったら、どうなっていたかと」「もう昔のことはいいと思っています。でも、先のことを考えると不安で」――今も闇の中を手探りで歩んでいるYですが、自分を見つめ、優しく強く歩みはじめてもいます。そんなYの姿を、クラスの仲間や教職員に伝えていきたいと思っています。

「これからを考える1つのきっかけに」と、全同教大会でのレポートを決意してくださったお母さん。私の夢は、お母さんと一緒に、先月生まれた親の会も含め、地域の被差別の側にある人々がつながり合って子どもたちを育てていく、あったかいRのまちをつくっていくことです。そして、そんな大人たちの応援に支えられながら、20年ほど前に立ち消えになってしまった、子どもたちの居場所であり共に育っていく場としての「解放子ども会」を再開させていくことです。そこを見据えながら、Yに会いに、ーに会いに、むらに足を運び続けようと思っています。

「いろいろな人から励ましをいただき、ありがたかったです。ほんとうにたくさんのことを学べて、ここまでやってきてよかったと思っています」とおっしゃってくださったお母さん。間もなく、Yに、お母さんが生きてきた道のりを語ります。Yは、「お母さんが結婚差別を受けていたなんて驚きました。部落のことについては、そうなんだと思ったくらい。いきなりだったし……」と話してくれました。東京のサポート校を受験し、家を出て寮生活をすることを決意したY。自分を懸命に維持し、何かを見出そうとのたうつ心のうちが、先日、お母さんが見せてくれた彼のノートから伝わってきます。

4月。家を巣立つ直前に会いに行った時、Yは、「ここで、生まれたこと、良かったと思っています。僕が育った場所、いいところです」と。Yとのつきあいは、これからです（その後も、いろいろな壁にぶつかり、とまどいながらの高校生活です。疲れを癒しに家に戻った時には、必ず電話をくれます。もちろん、すぐに出向き、時を忘れて語り合っています）。

そして、お母さんが中心になって立ち上げられた親の会。先日、第9回の会がもたれました。毎回、数人の集まりですが、それぞれの親が思いを出し合い、つなげる大切な会になっています。

5．人権のまちづくりへ

2002年度～2004年度、文科省から、人権教育総合推進地域事業の指定を受けました。この取り組みを、人権のまちづくりへの大きな契機にしたい、被差別の当事者や人権諸団体をつなげ、様々な声や活動を地域に発信していきたい、そんな思いがあったのですが、力不足で、大変貧弱な事業に終わってしまいました。が、この間、次のようなことをすすめてきたことも事実です。

■「差別はなくなっていないのだから、今まで通り地域とつながり役割を続けてほしい」。
――私が旧同推教を引き継ぎ、初めて支部長宅を訪問した時の支部長の言葉です。以来、訪問するたびに、むらのこと、差別への怒りを語ってくださいます。

本校は、例年、近隣小学校と合同で人権教育の研修会をもっていますが、２００３年度の研修会で、初めて支部長に語っていただくことができました。「若い頃、彼女に自分の名前も住んでいるところも言えなかった。祭も除外されていたんだ。今でも、当たり前のように別々にやっている。まだまだ差別は根強くある」「教育が一番大事。同和教育が消えていく、忘れられていくことが心配。人権教育の中に位置づけていく努力をしてほしい」――差別の現実に学ぶ有意義な研修会でありました。

〔職員の感想から〕 自分の幼い頃の、差別を受けたつらい悲しい事実を、半世紀も前のことなのに、その様子が目の前に浮かぶくらい鮮明に語っていただき、この問題の大きさ、深さを改めて学びました。特に、自分の名前を偽名で「ＲのＫ」と名のれなかった――とお話になった時の「つらかった」の一言は、体験した者でなければ語れない一言の重みを感じました。不勉強で、歴史的な事の事実も把握できていない自分がはずかしく、Ｒ中の教員です、と言えるよう、今後研修を積むつもりです。

■15年前の北原きよ子さんの痛み、校区にくらす北原さんの思いを受け止めていく実践をと思いつつ、時が流れてしまいました。

２００５年。アイヌ民族問題を学んできた私の選択社会の授業に足を運んでいただき、20数名の生徒たちと7名の教員に、アイヌ文化に触れさせていただきながら、ご自分と息子さんの歩み、アイヌ民族がおかれた状況を語ってくださいました。

〔生徒の感想から〕　とても優しそうな方なのに、一つひとつの言葉には、怒りや苦しみがこめられている気がした。ただ、アイヌ民族だということだけで差別されている。衣装は、日本にはない独特なもので、素晴らしい文化をきずいていることがわかった。このことを理解しようとせず、「自分たちと違う民族」というだけで差別してしまうのは、とてもおかしいことだと思った。今までの日本の歴史の中で、「理解しようとしない姿勢」が多すぎるような気がした。この国際化していく世の中で、「理解し合う」ということは、とても重要なことだと思う。一人ひとりがアイヌ文化のよさを知り、受け入れてほしいという願いが、北原さんの目や話し方から伝わってくるようだった。また、「ホタルのむこえらび」というテープを聞いている時の北原さんのなつかしそうな目が印象的だった。

■本校の目の前にあるR公民館でNPO法人R日本語ボランティアサークルが活動を続けています。昨年度、フィリピン籍の生徒が本校に入学。日本語指導をすすめていただく等、連携をとりながら、彼女への支援を続けています。

■今年度から、スキー学校に替わって、1学年でも校外学習を行うことになりました。若い教員の提案で、総合学習でハングルを学び、「R中発、日韓・日朝交流」を展望して、以下を訪問することになりました。

原爆の図・丸木美術館→高麗郷を歩く→埼玉朝鮮初中級学校

今年度入学した韓国人F君を中心にした仲間づくりをすすめながら、素敵な出会いとつながりを創っていきたいと思っています。

■そして、何よりも、「親の会」の活動。

私が、旧同推教を引き継いだ年に参加した部落解放同盟関東女性部の集会終了後、前記の狭山劇に一緒に取り組んだ郡協女性部のGさんとHさんが言われたことが、今も心に残っています。「……ほんとうは、子ども会活動をやりたいんです。でも多くの部落の親は、自分の子どもに出身を伝えられないでいます。伝えないで、問題なく過ぎていければ……という思いなんです。私だって同じです。子ども会活動に参加させるということは、うちは部落ですよ、と宣言するようなものですから。だけど、周りはみんな知っていますし、子どもたちはほんとうの思いを語り合える友達と、そういう場がほしいんです。親もほんとうはそう思っているんです。先生、一度、全青（全国青年交流集会）にも参加してください。部落の青年の心からの声が聞けますから……」。――こんな思いをしっかりと受け止め、むらの子どもたち、被差別の立場にある子どもたちに寄りそっていきたいと思います。Yのお母さんと共有し合った「解放子ども会」の再開を展望しつつ……。

人権のまちづくりは、差別の現実に深く学び、それを教育課題にしていく真摯な実践の積み重ねぬきには切り開けません。いま、ようやく、むらの教師として歩みはじめた私（たち）の、その歩みを確かなものに……。

忘れもしない。全同教「東日本同和教育講座」終了後、私は急ぎ国会に向かった。二〇〇六年一二月一五日。「改正教育基本法」の成立。重い空気が支配する国会前に立ち、「歴史の流れをせき止め」たこの日を、「忘れないことを保つ人」であらねばと思い続けていた。そして、「人権・同和教育だより」に思いをぶつけ、職員に配った。

「今後、いかなる反動の嵐の時代が訪れようとも、何人も教育基本法の精神を根本的に書き換えることはできないであろう。なぜならば、それは真理であり、これを否定するのは歴史の流れをせき止めようとするに等しい」（南原繁——教育基本法をまとめるために戦後まもなく設けられた「教育刷新委員会」の委員長も務めた東京帝大総長）。

改正教育基本法成立

「個」から「公」重視へ

「国と郷土を愛する」

「教育の憲法」転換点

国家管理　残る疑念

（『朝日新聞』二〇〇六年一二月一六日）

２００６年12月15日午後６時前。「歴史の流れをせき止め」たこの日、この時、どの位置に立っていたのか。子どもたちへの責任として、私たち１人ひとりに刻まれることになったのだと思います。

教育ジャーナリストとして仕事をする時、不可欠な予備知識というものがあるであろう。公権力のすすめてきた教育史があり、民間教育運動がそれに抵抗してきた闘争史がある。両者の対立点はどのような輪郭を形成してきたのか。それくらいは知っておいてほしい。戦前・戦後の北方性生活つづり方教育、それを受けついでの解放教育の実践が何を遺産として残してきたのか。この一筋の抵抗の系譜が、貧農、未組織労働者の生活・教育における、埋れた不幸を、どのように浮上させてきたのか。その省みられることのなかった要求に光をあて組織する過程が、どのような豊かな親と子と教師との出会いを創り出してきたのか。それ故にこそ、ときどきの権力の憎悪に包囲されてきたこと、村を追われ、学校を追われてきたことを知っておいてほしいのだ。

（原田嘉男「現実の苛酷さをなめきったもの――『ぶん殴り教育のすすめ』批判」『解放教育』一九八二年一月）

「教育ジャーナリスト」を「教師」と置き換えても、まったく同様でしょう。

この日、横浜市で、「全同教　第26回東日本人権・同和教育講座」が開催され（「人権・同和教育だより」No.68（２００６年12月13日））、講座Ⅲの報告を行いました（講座Ⅰ、Ⅱの報告は次号で）。

数百人の参加者を前に90分の報告をしましたが、その最後に、「教育基本法の精神を根本的に書き換える」国会の差し迫った状況に触れ、「被差別の子ども、親との豊かな出会いを創り出してきた同和教育の歩み、その先達の実践につらなるよう、現場から抗い、むらの教師として歩み続けたい」と結びました。

「講座」終了後、急ぎ国会へ向かいました。「人波は歩道からあふれ、一帯は騒然」（『朝日新聞』二〇〇六年一二月一六日）であった国会前は、私が到着した18時30分頃には、すでに可決後の重い空気が支配していました。現場の願いと乖離した政治的可決（と私は思います）による戦後教育の転換。その歴史的意味を「忘れないことを保つ人」（「人権・同和教育だより」No.1〔二〇〇六年四月三日〕）であらねばと思い続けていました。

そして、自らを奮い立たせて高田馬場へ。以前から参加要請されていた「水俣・教育研究会（仮称）」（水俣フォーラム主催。水俣を伝えることのできる教材の開発と人材の育成に向けた、第1回研究会）に出席しました。水銀はなぜ止められなかったのか――関西訴訟最高裁判決を待つまでもなく、水俣病事件史を学べば、国の誤りと責任は明白です。

「改正教育基本法」の成立によって強まるであろう教育への国家の介入。日本国憲法の理想の実現は根本において教育の力にまつという考えに立って作成された教育基本法制定60年を前に、なぜこうした事態を招来させてしまったのでしょうか。「……国が学校を建て、国が教育をする。それはあたりまえのことではないか、という俗説は決して弱くない。杉本裁判長が3年余かかって到達した『国民の教育権』思想は、じつは肝心の国民にはまだ定着していないと思う。教師にさえも、はたしてどうであろうか。それが最大の問題である。……」（日高六郎「Ⅵ　現代における教育の責任――国民教育と国家教育：家永教科書裁判勝利の意味するもの」『人間の復興と解放』一ツ橋書房）ことを厳しく受け止め、「教育は、不当な支配に服することなく、国民全体に対し直接に責任を負って行われるべきものである」ことを改めて自覚していきたいと思います。

教育基本法の制定

日本史授業再開のころ、教育基本法制定に向けての議論がすすみ始めていた。議会では憲法改正案で、生存権についての規定（第25条）を受け、その文化的側面としての教育を受ける権利の規定（第26条）が確定する。その論議の過程で田中耕太郎文相は、新教育の理念、教権の独立などを規定した教育根本法の構想を示唆し、8月に設置されていた教育刷新委員会（委員長安倍能成、47年11月南原繁に交代）では、11月、教育基本法制定の決議が行われる。同委員会作成の原案は国会・枢密院での議を経て、47年3月、交付される。

教育基本法は、日本国憲法の理想の実現は根本において教育の力にまつという考えに立って作成されており、準憲法的性格をもち、前文と11条から成っている。
前文では、まず、民主的・文化的国家の建設、世界平和と人類の福祉への貢献という憲法の精神が強調されている。ついで真理と平和を希求する人間の育成など教育の目的・方針が示され、以下の各条項では教育の機会均等と義務教育の無償、男女共学、公の性質をもつ学校のあり方、全体の奉仕者としての教師の身分の保障、社会教育の奨励、良識ある公民たるに必要な政治的教養や宗教への寛容の態度の尊重などがあげられ、さらに、「教育は、不当な支配に服することなく、国民全体に対し直接に責任を負って行われるべきものである」（第10条）ことが示され、教育行政はこの自覚に立ち目的遂行に必要な条件整備を行うべきことが規定された（山住正巳著『日本教育小史――近・現代』岩波新書）。

（「人権・同和教育だより」№69、二〇〇六年一二月一八日）

あれから一〇年。強まる教育への国家の介入。職階制の貫徹、教育総体の道徳化……。何という教育現場の変質であろう。戦後民主教育の決壊が進んでいる。私たちをとりまく状況を、その中での私たちの実践の内実や立ち位置を問おうとしない日常が進んでいる。

心配だ。

8　父の死

しかし、いや、だからこそ私（たち）は、抵抗と創造の実践を重ねた。

二〇〇六年度、私が所属する一学年集団は、二年後の修学旅行を「ヒロシマ・京都修学旅行」にすることで意思統一し、校長も了解した。M中で五年間続けたヒロシマ修学旅行が、様々な妨害の中、さらなる継続を断念せざるをえなかったことはすでに記した。もう一度……という思いをもち続けてきたが、ようやく実現できる。一年時からの平和学習を重ねた。

平和学習の展開
――校外学習を中心とした実践から（テーマ「平和を学ぶ・平和を創る」）

2006年度　生き方学習「いのち」——1学年校外学習へ

■「いのち」の学習〈第1学年総合学習〈やちぐさ〉第1期〉

〈生き方学習「いのち」の計画〉

回数	累計時間	月	日	活動計画	活動場所
①	1	4	18	・オリエンテーション 年間計画と第1期の計画 ・我が子へのおもい ・VTR視聴「わたしたちの生命創造」（18分）	武道場
	2			・わたしのこと☆私の生まれた日	教室
②	3	4	25	・道徳「いのち」	教室
	4			・命のつながり ・「わが子へ、父からの手紙」を読む ・各先生の体験談から	

③	5	5	2	・金八先生のビデオ	武道場
				・感想記入	教室
	6			・まとめ——道徳資料	
④	7	5	9	・助産師さんの講演を聞く	武道場
	8			・講演の感想発表。感想文	教室
⑤	9	5	16	・ミナマタ——公式確認50年の年に	武道場
	10			・同和問題を学ぶ——出身教員から	

■校外学習の取り組み（第1学年総合学習〈やちぐさ〉第4期）

〈校外学習に向けての取り組み〉

1　テーマ　憲法60年——平和を学ぶ、平和を創る

2　目的

①総合学習のテーマ（学校テーマ「人を大切にする社会の創造」1学年テーマ「人をとりまく社会を知ろう」）にそって、戦争の悲惨さと平和の尊さを学ぶ。

②戦争体験者と出会い、その生き方から、自他の価値を尊重しようとする意志・態度

を身につける。

③クラスの友達と真剣に学び合い、また、楽しく体験し合うことを通して、他者と対等で豊かな関係を築ける技能を培う。

④ルールを守り、規律ある校外学習にすることで、クラス、学年集団の質を高める。

3　実施日　2月7日（水）

4　訪問先

・原爆の図　丸木美術館

・埼玉県平和資料館

・森林公園

5　事前学習の計画

〈内容　原爆（核問題）を中心に学ぶ〉

回数	累計時間	月	日	活動計画
①	1	12	5	・校外学習に向けて
	2			・『はだしのゲン』視聴

②	3　4	1	16	・言語認識（1、4組）——「小さな祈り」……原爆にこめられた思いと祈りについて考える。 ・社会認識（2、5組）——被爆62年、この国に生きる市民の責任として……。 ・自然認識（3、6組）——「原子爆弾について」学ぶ。『世界に衝撃を与えた日——チェルノブイリ原発事故』視聴。
③	5　6	1	23	・言語認識（3、6組） ・社会認識（1、4組） ・自然認識（2、5組）
④	7　8	1	30	・言語認識（2、5組） ・社会認識（3、6組） ・自然認識（1、4組）
⑤	9　10	2	6	・被爆者の方の講演——堀田シズエさん（埼玉県原爆被害者協議会） 「私の歩んだ道」 ・事前指導

6　校外学習後の取り組み

①まとめ・感想――2月8日（木）感想記入

2月13日（火）第5校時　感想発表、実行委員会のまとめ

②社会への発信――2月13日（火）第6校時　広島市長、総理大臣、国連事務総長、各新聞社に手紙を出そう

2007年度　2学年校外学習――生き方学習「自己理解・相互理解」――三送会へ

■校外学習の取り組み（第2学年総合学習〈やちぐさ〉第1期）

〈校外学習を通じて学ぶ〉

1　目的

①班別行動を通じて仲間づくりをすすめ、新クラス、学年の土台を築く。

②①とつなげて、平和学習、憲法学習を深め、実践力を身につける。

③修学旅行を展望し、規律をもった思い出に残る校外学習にする。

2　実施日　6月1日（金）

3　行動の単位

班別行動

4　訪問先

東京方面（東京大空襲戦災資料センター、または、第五福竜丸展示館を訪問した上で、提示する範囲の中で、班別にコースを検討、決定していく。

5　事前学習の計画

回数	累計時間	月	日	活動計画
①	1	4	19	・オリエンテーション　年間計画と第1期の計画
	2			・クラス紹介
②	3	4	26	・昨年度の校外学習から
	4			・TV視聴『週刊子どもニュース　特集・核兵器ってなあに』（NHK）
				・憲法学習
③	5	5	10	・第五福竜丸事件を学ぶ
	6			・東京大空襲を学ぶ

④	7 8	5	17	・映画視聴『戦争と青春』
⑤	9 10	5	24	・東京国際大学国際交流学部下羽ゼミの3名の学生さんの講演 ・しおりの読み合わせ
⑥	11 12	5	31	・事前学習のまとめの映画&ビデオ視聴 映画『第五福竜丸』（途中20分） ビデオ「君知ってる？　首都炎上」（アニメ東京大空襲18分） ・事前指導

6　校外学習後の取り組み

①6月4日（月）　学活（第5校時）　感想記入

②6月7日（木）　総合（第5校時）　感想発表、実行委員会のまとめ
総合（第6校時）　お礼の手紙

③6月14日（木）　総合（第5〜6校時）　まとめの新聞づくり
6月21日（木）　総合（第5〜6校時）　まとめの新聞づくり

■生き方学習「自己理解・相互理解」（第2学年総合学習〈やちぐさ〉第2期）

〈生き方学習「自己理解・相互理解」の計画〉

回数	累計時間	月	日	活動計画	活動場所
①	1　2	9	13	自分を好きになる ①相田みつおさんの詩を読んで。 ②「ブッタとシッタカブッタ」を読んで。	教室
②	3　4	9	20	コミュニケーションづくり ①あなたはどんなタイプ？ ②目かくし散歩。	教室
③	5　6	9	27	わたしメッセージで伝えよう ①わたしはこう思う。 ②自分をふり返って。	教室
④	7　8	10	4	わたしとみんな、どちらも大切 ①わたしが選ぶ順番はこれ。 ②子どもの権利、仲間づくり学校づくり。	教室
⑤	9　10	10	11	まとめ ①講演会（校長先生「生き方を学ぼう」） ②感想・まとめ	武道場 教室

■三送会の取り組み――ヒロシマ修学旅行を展望して

1　テーマ「Love&Peace――届け我等のメッセージ」

2　内　容　構成劇『はだしのゲン』（平和を創造していく自分たちを表現し、3年生へのメッセージとする）。

2008年度　3学年修学旅行

〈ヒロシマ・京都へ〉

当日の取り組み予定（1日目　広島）

原爆ドーム、碑めぐり（ボランティアガイドの方の案内）

広島平和記念資料館、国立広島原爆死没者追悼平和祈念館見学

慰霊祭（原爆死没者慰霊碑＝広島平和都市記念碑の前で）

ホテルで、李実根《リシルグン》在日朝鮮人被爆者連絡協議会会長の講演

とりわけ、二学年時の最後（二〇〇七年度）に、三送会の出し物として創り上げた学年劇『はだしのゲン』は心に焼きついている。

「そうじゃ、非国民じゃ。じゃが、それを誇りに思うとるんじゃ。……人はな、他人の命を、自分の命を、たいせつにせにゃあいけん。それを守るんが本当の勇気じゃ」（父・大吉）。

「今さら、何が終戦ね。……ピカの落ちる前にやめとったらみんな死なんですんだのに。……馬鹿にしとる。国のため、日本のためじゃ言うて戦争始めたんは誰じゃ。お父ちゃんだって、進次だって、英子だって、死なずにすんだのに」（母・君江）。

「お父ちゃん。おれ、……母ちゃんと友子を守っていくからな。よう、見ていてくんさい。……負けんぞ。負けるもんか」（ゲン）。

めいっぱいの想像力を働かせて、時代に抗う父を、愛する家族を失った母の悲しみと怒りを、そして、たくましく生きるゲンの姿を、全身で演じてくれた子どもたちだった。せりふのなかった役者も、太鼓やダンスで思いを表現した者も、舞台の背景の絵を描く等の大小道具を担当した者も、学年集団が一つになってノーモア・ヒロシマを発信した。あの時の校長が掲げていたスローガン「ともに一隅を照らす」。学年「主任」が口癖のように生徒になげかけていた「頑張ることは、かっこいい」。そんな子どもたちの姿だった。そして、それは現在のR中の校訓、校風となって生きている。

二〇〇六年は、水俣病公式確認五〇年の年だった。私は、水俣フォーラム主催の「水俣巡礼の旅」に出向き、緒方正人さんや杉本栄子さん、川本ミヤ子さん、また、胎児性患者のみなさんともお会いし、その思いに向き合った。そして、ミナマタをずっと子どもたちに返し続けてきた（「ミナマタ――公式確認50年の年に」）。選択社会では、子どもたちと日朝関係史を学び、在日韓国人の方を講師に招き、毎時間ハングルを学んだ（私が、「韓国の歴史に学ぶ平和交流の旅」に参加し、韓国の教職員との交流や、「ナヌムの家　日本軍『慰安婦』歴史館」を訪問する等をしたのもこの年だ。前年春の学年教職員の研修旅行は、北海道だった。私は旅行中に二度、二風谷を訪れ、「萱野茂二風谷アイヌ資料館」を見学した後、幸運にも、病気で静養されていた萱野さんの自宅にもあがらせていただいた。アイヌ民族問題を学習する時、欠かさず子どもたちに話してきた）。

緒方正人さんと。

萱野茂さんと。

ミナマタ――公式確認50年の年に

2006年2月13日

1　大きな大きな仕事

だれもかれもが力いっぱいに　のびのびと生きてゆける世の中
だれもかれも「生まれてきてよかった」と思えるような世の中
じぶんをたいせつにすることが　同時に人をたいせつにすることになる世の中
そういう世の中をこさせる仕事が　きみたちの行くてにまっている
大きな大きな仕事　生きがいのある仕事

吉野源三郎

生存か破滅か――地球市民として生きていく君たちの仕事。
・「私は第三次世界大戦については何もいうことはできないが、第四次大戦については断言できる。それは決して起こらないということだ」（アルバート・アインシュタイン)。

・我々は、ゆでガエルか。

＊ヒロシマとミナマタを経験したこの国だからこそ。

2　ミナマタの教訓を

■上村智子さん――宝子への、ご両親のただ1つの願い

〃一度でいいから、父ちゃん、母ちゃんと言うて欲しかった〃

■水俣病事件の真実

「真摯な反省からしか、教訓は生まれません。反省の前提になるのは、事件史の真実です」(『熊本日日新聞』2006年5月1日)。

・原　因

チッソの水俣工場(熊本県)がたれ流した有機水銀によって汚染された魚介類を食べて起こった病気。

・経　過

1956年5月1日　水俣病の公式確認。
1963年9月　政府が水俣病を公害認定する。
1973年3月　1次訴訟の熊本地裁判決。原告が勝訴。
1995年12月　政府解決策（最終和解案）。
2004年10月　関西訴訟最高裁判決。

・現　状

推定2万人の患者数。1573人の死者（認定患者。2006年2月末現在）。

新規認定申請者……3800人以上。

「20歳で結婚後、12回の流産、死産を繰り返した。激しい頭痛はもう40年続いている。膝から下は麻痺状態で、外出もほとんどできない。毎日が地獄。悩むだけ悩んだ。2回の自殺未遂も。でも、生きている以上、くよくよしたって仕方がないから前向きに生きたい。今日も無事終わった。明日も……。何年もかかったけど、こんな気持ちになれたのは、みんなが励ましてくれたから。人の支えがいかに大切か。感謝するしかない。こんな経験は、私らだけでたくさん。風化させないでほしい。

川崎展には、体つくってくるから、話を聞きにきてください」（大村トミエさん〔神奈川県川崎市在住の水俣病患者〕。２００４年１月６日、「水俣・川崎展」に、Ｒ中１年生の生徒４名と参加）。

■緒方正人さんの生き方

チッソと国の責任は揺るがない。が、「チッソは私であった」と。

「みなさんの３ｍ下は水銀へドロです。チッソは水銀だけでなく、ありとあらゆる重金属を垂れ流しました。だから、元祖産業廃棄物処理場です。ここは、広島の原爆ドームと同様、爆心地です。罪深い場、墓所の上にいるのです。そしてそれは、日本の各地に形を変えてある。今や、日本社会自体がオールチッソ化した。人間社会全体の欲望の中で、誰もが加害者になり、被害者になる構造の中にある。私もまた、もう一人のチッソであった。水俣病事件は、もちろんチッソの、そして国家の犯罪だ。が、ほとんどの人が関与してきた。売られたから作ったし、捨ててきたのだから。人の根源が危うくなっているのではないか。必要さを遥かに超えた豊かさ、便利さの中で、何を失ったのか。生命世界の連鎖をズタズタにして、罪深さの感覚をどれほど歪めたことか。それが、様々な社会的事件を噴出させている。水俣の警告から何を学ぶのか。水俣から深く問い返していくこと抜きに、もう一つのこの世は出てこないのではないか。自分の信をどこにおくか。一人という地点に立ち返るしかない……」（2006年5月1日。竹林園（チッソが、メチル水銀を含んだ廃水を無処理で水俣湾に流し続けた、水俣病〝爆心地〟「百間排水口」のすぐ近く）で、緒方正人さんから）。

■ミナマタを世界へ

「水俣病発生から半世紀、その克服のために住民とともに歩んだ経験を伝え、再生を果たそうとしています。国際会議や国内外の水俣展をはじめ、水俣病資料館では、市民が修学旅行の生徒らを対象に、語り部として活動しています」（「世界の環境モデル都市へ」『新しい社会　公民』東京書籍、87ページ）。

「……悲劇の幕はまだ閉じていない。……この事実からいつまでも目をそむけていたら、人類の行く手にはいかなる運命が待ちかまえているのだろう。水俣の悲劇を防げなかった罪は重い。だが、その教訓をムダにするのは、それ以上に罪深いことだ。その責めと報いは甘んじて受けるほかないだろう。だが、私は誓う――決して水俣を忘れはしないと」（C・W・ニコル）。

3　君自身のいのちを輝かせる

大きな大きな仕事のために、「真理と平和を希求する人間」（教育基本法）に！

二〇〇七年度。当時行っていた芸術鑑賞会に、チェルノブイリ原発事故で被曝し、日本で音楽活動をしていたナターシャ・グジーさんを招いた。透明な美しい歌声、哀愁を帯びたウクライナの民族楽器バンドゥーラの音色。彼女はこう語った。「人は忘れてしまう。忘れてしまうから同じあやまりを繰り返す。繰り返してはならないという願いで歌い続けている」。

だが、三年数ヵ月後、日本でも大惨事が起こる。私は、東京電力福島第一原子力発電所

ナターシャ・グジーさんと。

吉永小百合さんと。

の事故から一年半が過ぎた二〇一二年九月末、R中おやじの会のみなさんと、南相馬へボランティアに出向いた。人の姿がなくなった土地に伸び放題の草をひたすら刈り続けた。

R中が、毎年行っている人権講演会（二〇〇六年度は、「夜回り先生」の水谷修さん、二〇〇七年度は、作家の雨宮処凛さんにお願いした）。平和学習を重ねている子どもたちに最善のものをとの思いで、女優の吉永小百合さんに原爆詩の朗読をと考え、強く要請したがかなわなかった。それでも、「生徒さんといっしょに」と、東京で企画された朗読会に招待されたのは幸いだった。生徒会役員の二人の生徒と保護者と出向いた。平和への静かな、が、強い意志――吉永さんの原爆詩の朗読に全身が引き込まれた。終了後、控え室にも通され、私たちの思いを伝えることができた。

こうして、ヒロシマへの修学旅行を展望し、子どもたちとの学びを深めていった。

しかし、二〇〇七年度は、私にとって辛い年になった。

二月一五日。入退院を繰り返していた父が亡くなった。R中から病院にかけつけた時には、すでに意識がなかった。ベッドに横たわり、声をかけても反応しない老いた父の姿を見て、私は自分を責めた。心の中で、「親父、目を開けろ。話を聞かせてくれ」と叫んでいた。父の八五年の人生にまともに向き合ってこなかったことへの自責の念。戦前、戦中、戦後と、激動の中を生きた父の歩みこそ、私が最も学ばなければならなかった目の前の人生だった。教え子を再び戦場に送らないとの戦後教育の原点を腹にすえて進めてきた私の実践の底の浅さを思う。父が永眠して一週間。職場に戻った私は、「人権・同和教育だより」にこう記した。

父の葬儀に際してのお心遣い、ありがとうございました。

1921年生まれ。10歳の時に満州事変、20歳の時にアジア・太平洋戦争、30歳の時に講和条約……。戦前、戦中、戦後と、激動の85年間の人生でした。

喪失感と、父の人生にまともに向き合ってこなかったことへの自責の念と……。休みをいただき、ご迷惑をおかけしましたが、辛い1週間でした。

父が生まれた1921年。自分の書架から思うままに様々な本を引っ張り出し、その年の動きを確かめてみました。私自身の問題意識から拾うと……。

●反戦平和と被抑圧階級の解放を標榜する『種蒔く人』創刊。

●山川菊枝、伊藤野枝ら、赤欄会を結成。女性解放運動を始める。
●日本労働総同盟結成。
●金思国、金若水、朴烈ら、東京で黒濤会を結成。同年、解体。朴烈らは黒友会と改称し、機関誌『太い朝鮮人』（日本帝国主義に抵抗する朝鮮人を意味する）を発行。
●奈良県柏原に水平社創立事務所を設置、燕会同人、水平社創立趣意書『よき日の為めに』を発行。

……

父は、貧しさの中で、望んでいた勉学の道も断念し（小学校卒です）、時代の波に翻弄されながらも、ただひたすら、生きんがために必死に働き続けた、一介の商売人にすぎません。ですから、社会運動との接点があったわけではありません。が、その85年の人生にもまた、この国の近・現代史の光と影が刻印されていたはずです。私が、最も学ばなければならなかった目の前の人生でした。

今となっては、父が生きてきたこの国の85年を学び直し、その光と影を引き受け、私自身が息子や娘に、そして生徒たちに、語れるものをもてるような歩みをしていくしかありません。

間もなく、3月3日。全国水平社結成85周年の日です（1922年3月3日）。実は、私の母の命日でもあります（1981年3月3日）。埼人教（埼玉県人権教育研究協議会）主催の春の学習会（フィールドワーク）が、この日、予定されています。

26年前に他界した母と、その元で、静かに眠ってくれるだろう父を思いつつ、学習してこようと思っています。よき日の為めに。

とりとめもなく私事を綴らせて頂き、申し訳ありませんでした。お世話になりました。


（「人権・同和教育だより」No.82、二〇〇七年二月二二日）

この年の終わり、私にとっては衝撃的な動きを知ることになる。市教委が、私を異動させる方向で動いていると。この時私は、次年度がR中九年目であったが、県教委の人事異動方針は一〇年以内の異動であり、全県的には八年、九年在籍する例はいくつもあった（市内でも、そうしたケースは皆無ではなかった）。校長も、私を残すことを希望すると具申していた。しかし、市教委は頑なだった。私は抗った。市教委に出向き交渉する、私をR

中に残すことに賛同する署名を集める（管理職以外は、ほぼ全員が名前を連ねてくれた）。学年の教職員をはじめ、私の異動の動きを察して反対の声を上げてくれた保護者を含め、多くの方に支えられた人事闘争だった。力及ばず異動を余儀なくされたが、市教委は、どうしても異動しなければならないのなら、私の原点の職場であるM中へ異動させよとの私の最後の願いだけは受け止めた。二〇〇八年四月、私は、一七年ぶりにM中に赴任することになった。

二〇〇八年六月二六日。R中三学年、ヒロシマ修学旅行へ。私は、この子たちといっしょにヒロシマの地に立ちたかった。当日、年休をとり、ヒロシマに向かう。平和公園内に座っていた私に気づき、驚きといっぱいの笑顔で寄ってきた子どもたちだった。平和公園内の碑をめぐり、原爆慰霊碑の前で慰霊祭を行う子どもたちの姿をずっと眺めていた。そして、ホテル内での在日朝鮮人被爆者の講演の後、思いを伝えた。白血病の苦しみの中で亡くなった母、私には戦争体験の多くを語らずに亡くなった父、そんな二人の人生の光と影を引き受け、子どもたちに語れるものを持てるような歩みをしていかなければ……。そんな思いをかみしめながら語った。

ヒロシマの地で（R中３学年　2008年６月26日）。

君たちとお別れした3ヵ月前から、この日、この場所で、ヒロシマの心を君たちといっしょに共有したいと思っていました。でも、担任ももっていますし、若干の躊躇もあったのですが、やはり来て良かった。君たち1人ひとりの表情がとってもいい。3年生になり、さらに学習を積み重ね、いよいよこのヒロシマの地に立ったのだという思いが伝わってきます。そんな君たちと、この地で再会できたこと、とてもうれしいです。

先ほどの慰霊祭。1年生の時からの平和学習の集大成だったのですね。とても良かったですよ。実行委員のみなさん、ほんとうにご苦労さまでした。

授業でお話してきたと思いますが、先生がはじめてヒロシマを訪問した時、被爆者の方は、先生にこう語られました。「ここは爆心地です。地面を掘れば、たくさんの骨が眠っています。足の裏で感じ取って歩いてください」と。君たちは、今日、この地で、ヒロシマに向き合いました。その悲惨さ、被爆の実相から目を背けてはいけません。しかし、大事なことは、修学旅行直前の学年通信にも書かせていただきましたが、そこからたくさんの希望を紡ぎ出していくことです。今、体験を語ってくださった呂さん。朝鮮人被爆者としての怒りと悲しみが伝わってきました。でも、朝鮮を植民地支配した日本に同じ思いをさせたいとは一言も言われません。原爆を投下したアメリカに同じ思いをさせたいとは一言も言われません。戦争はいけない、核はいけないと、懸命に訴えられているのです。想像を絶する苦しみを経験しながら、報復ではなく、ひたすら、ノーモアヒロシマを訴えられる被爆者の姿、そこに希望があるのです。

ヒロシマの地で学びとったヒロシマの心を、ずっとずっと心に刻んでください。そこに、この国の希望があるのですから。先生の希望もまた、そこにあるのです。

先生は、この後、埼玉に帰ります。修学旅行も、そして卒業の日まで君たちといっしょにいたい気持ちは今も変わらないのですが、M中の目の前の生徒が待っていますから。君たちとの10年後の再開、そこでも固い握手が交わせることを再び誓い合ってお別れしたいと思います。

明日、明後日は京都ですね。先生が青春時代を過ごした古都を満喫してきてください。京都でも、仲間と力を合わせて、素敵な旅にしていってくれることを願っています。そして、残り9ヵ月の中学校生活もまた、素敵な日々になるよう、影ながら応援しています。

先生方、生徒のみなさん、ありがとうございました。

この間のこと、そして、再びM中に戻って出会ったTのことは、第六〇回全同教奈良大会で報告することになった。

もう一度、このむらの教師として

……

子どもとつながっていれば恐いものはない

……

R中8年。私は、むらに足を運びながら、〝当事者に学ぶ〟〝差別の現実を生き抜いてきた方々との出会いから深く学ぶ〟ことを実践の根幹にすえてきました。そして、それを土台に、この3年、学年集団として平和教育を推進してきました。2006年。入学した生徒たちに、「いのち」をテーマに実践をスタート。公式確認50年を迎えた現地を訪問した私がミナマタを語った後、K先生は、ご自身の部落出身を生徒全員の前であかし、部落問題を真正面からなげかけました。……47教育基本法が改悪されたその年度の校外学習で訪問した「原爆の図　丸木美術館」。一言も発することなく、地獄絵に向き合った子どもたち。

2007年。国民投票法可決。その年の校外学習の訪問先の1つである「東京大空襲戦災資料センター」では、語り部の壮絶な体験に向き合った子どもたち。

そして、2008年6月。ヒロシマ修学旅行へ。私は、強制異動させられ、ヒロシマ修学旅行をともに取り組むことはできませんでした。学年集団は、私の強制異動撤回を求める署名の発起人になってくださり、ほぼ全員の教職員が署名をしてくださいました。闘いのまっただ中、私が行った人権連携学習。新任だった年に白血病で他界した母のこと、2007年に他界した父の戦争体験にも触れながら展開しました。異動の動きがあることが伝わってから2ヵ月、「子どもとつながっていれば恐いものはない」との思いで懸命に抗ってきましたが、かないませんでした。

「ネルソン（私）のあの熱い授業はいっしょう忘れません。そして、水平社宣言の『人の世に熱あれ人間に光あれ』の言葉を大切にしまっておきます」「いっぱいいいっぱい、反抗してごめんね。でも、見捨てないで話とか聞いてくれたりして嬉しかったよ。また会えたら良いね。その時は、もっと大人になって輝いときます。2年間ありがとうね。忘れないでね。本当にありがとう」「岩崎先生が異動して本当に悲しいです。一緒に広島へ行きたかったです。でも先生。広島ではしっかりと学び、受験もしっかりとがんばります。自分もがんばるので、先生もfight!!」。

修学旅行初日、私は年休をとり、R中3学年の子どもたちと爆心地に立ちました。私の異動後、ヒロシマ修学旅行をリードされたK先生の下、さらに学びを深めた子どもたちは、真剣なまなざしで被爆の実相に向き合っていました。被爆朝鮮人の呂さんの講演後、私は子どもたちに希望を語りました。

もう一度、このむらの教師として

17年ぶりのM中。久しぶりに1年生を担任しています。気になる○○や○○。課題を背負っている子が少なくありません。最初の学活で、「Hとの2年間」を話しました。子どもたちと、あったかいクラスをつくっていきたいと思っています。

他クラスに、Hの家の裏に住む、むらの子であるTがいます。4月に校区を歩いた時、Hのその後を親切に教えてくれたのは、Tの父と祖母でした。「あの家は……」と今、地域の風評にさらされているTの家です。母は精神的に病み、そんな中で、Tも揺れはじめています。

あの日、HやNに部落をつげることができなかった私。問われ続けている私自身の課題です。が、YやYのお母さんをはじめ、たくさんのむらの人々や仲間、子どもたちのあたたかさに出会ってきた私は、今、Tには、部落の人間として、それを引き受けて生きていってほしいと伝えていけるように思います。部落に生まれ育った、そしてこれからもここで生きていくT、君といっしょに生きていきたいと。

地域に素敵な無形民俗文化財があります。「○○ささら獅子舞」――今は、むらの人もそうでない人もいっしょに取り組んでいる地域の伝統芸能です。大正時代に、むらの人を祭から除外する動きに抗議し、水平社同人たちが差別の不当さを懇々と説いて解決した歴史があります。そんな、地域の誇れる闘いの歴史を、Tと学び確かめ合っていきたいと思っています。

9　Tと歩む――もう一度、このむらの教師として

今度こそ、むらの子どもたちに、むらのことを正面から伝えられる教師でありたい、そんな思いで、再びM中に赴任した。

職場の状況は様変わりしていた。組合掲示板の要求をめぐって管理職とぶつかることからはじまった。君が代は、入学式・卒業式だけでなく、始業式・終業式にも歌われていた。職員会議での発言も空しく、管理職の一方的な考えでおしきられた。

万引きを繰り返す女生徒、部活動内での陰湿ないじめ、自傷行為で自分の存在を確かめる子、……そんな子どもたちの中にTがいた。Hの家のそばに暮らすTの家族との、今も続いている大切な歩み……。第六二回全同教佐賀大会でこう報告した（「このむらに生まれて良かったとの思いを求めて」）。

「このむらに生まれて良かった」という思いを求めて

埼玉県人教・X市立M中学校　岩崎正芳

……

そして一昨年度、再びM中に赴任した。「もう一度、このむらの教師として」歩んでいきたい、今度こそ、むらの子どもたちに、むらのことを正面から伝えられる教師でありたい、そんな思いで、赴任した年の春、むらを歩いた。

Tとの出会い――祖母のこと

Hの家は廃屋になっていた。Hのその後のことをどうしても知りたくて裏の家を訪ねた私に、Hと家族のことをていねいに教えてくれたのがTの父と祖母だった。祖母は支部員だが、「このむらが部落であることが知れたら嫁が逃げちゃうから」と解放新聞を断わり、Tの父にも部落を語ることはないと支部長から聞いていた。一昨年11月、祖母からはじめて話を聞かせてもらった。「23歳の時に嫁いできて55年。このむらで1番きつい姑にいろいろ言われ続け辛かった。身ごもった時もずっと働きどおしで、横になったのは出産の時だけだったよ」「夫は、3年前に肝臓がんで死んだ。せがれは、30年勤めた仕事をやめてしまった。嫁は、10年も前から病院通い。この年になっても苦労の毎日で、生きていても仕様がないよ」と語った祖母。そして、「先生、孫のこと、面倒みてやってください」と、何度も頭を下げられた。Tと関わり、つながっていきたい、そんな思いで一杯になった。「お父さん、おばあちゃん、いい人だなあ。Tの前の家に住んでいたHのこと、Tの家をいきなり訪問した先生に親切に教えてくれたんだ」。私が、はじめてTに話しかけた言葉だった。

揺れるT

卒業まで4ヵ月になったTの中学校生活。今まで揺れ続けてきた。1年生の1、2学期は、放課後、グランドで白球を追い続けていたTだったが、3学期、友人関係のトラブルもあって、「下にいるのは嫌なんだ」と、6年間続けていた好きな野球をやめてしまった。不安定な行動が多くなった。苛立つ心情を吐露するT。「お母さんがうざい、家自体がうざい、勉強もうざい。でも、何かに打ち込みたい」と。私は、いずれ、部落のことを正面から伝えていかなければならないと思いながら、Tの思いに深く迫れず、道徳的な説教と上辺の励ましをすることしかできずにいた。床に伏せていることも多かった母。「この子を受け入れられない私がいるんです」と語る悲しげな表情を見るのも辛かった。

3月に行われた「3年生を送る会」でのTの姿は素敵だった。「源太踊り」及び、地域の無形民俗文化財である「ささら獅子舞」を、地域の方のご指導をいただきながら、学年の出し物として演じさせた。大正時代に、むらの人を祭から除外する動きに抗議し、水平社同人が差別の不当さを懇々と説いて解決した歴史がある。獅子をTに演じさせたかった。素敵に演じたTだった。が、そんな、むらの誇れる闘いの歴史を伝えることはできなかった。

2年生になったT。「藤井さんの話を聞いて…とてもかなしかったです」――6月の校外学習で出会った全盲の藤井さんに書いた優しい感想。仲間が、立場の弱い者へ、いき過ぎたふざけをすると、それを止めたりと、筋を通した生き方を見せるTだった。しかし他方で揺れも続いていた。「仲間たち」としばらく続けたリストカット。苛立ちを物にぶつけて壊す。数人の「仲間」との授業さぼり……。注意する学年教職員に、険しい表情で沈黙するT。「つっぱるならとことんつっぱれ。だがな、俺はお前ととことん関わり続けるぞ」と、私は思いをぶつけた。表情が少し和んだTは、「自分にペナルティを課したい」と、懸命に廊下を磨いた。その姿を見ながら、私は、一番大事な話をしていかなければ、と思った。

一番大事な話を聞いて――父のこと

11月末、昨年も全同教大会に参加した。報告や会場からの発言――「Aとつき合えばつき合うほど、部落のことを話さずには、そこを避けていてはこれ以上つき合えないと思った」「あなたが揺れているから子どもが立てないんだ」……を聞くにつれ、この1年、私は何をしてきたのだろうかと頭を殴られる思いになった。前年の全同教大会で、私自身が報告の最後に次のように語ったにも関わらず。「あの日、HやNに部落をつけることができなかった私。問われ続けている私自身の課題です。が、YやYのお母さんをはじめ、たくさんのむらの人々や仲間、子どもたちのあたたかさに出会ってきた私は、今、Tには、部落の人間として、それを引き受けて生きていってほしいと伝えていけるように思います。部落に生まれ育った、そしてこれからもここで生きていくT、君といっしょに生きていきたいと」と。

全同教大会から半月後、Tの家に。再びTの父や祖母に向き合った。Tがチャンスをくれたと思っている。Tは、授業中伏せていることが多い。でも、ほんとうに大事な話は聞いている。私が、私の生き方をかけて伝える狭山、水俣、沖縄、南京、ヒロシマ・ナガサキ、そして、Hのこと、Nのこと……。その時は、背筋を伸ばし真剣な眼差しでこちらを向く。ある日の授業後、Tは、私が紹介した「東京大空襲戦災資料センター」に連れて行ってほしい、来年の夏は、ヒロシマにも行きたいと言ってきた。「お父さんが了解すればもちろんいいよ」と言うと、数日後、「今日の夜は、親父、家にいるよ」と。

12月17日、Tの家に向かった。「そんな話をしにきたのなら帰ってくれ」と言われるかもしれない。でも、「それでもいいんだ。試されているんだから、また行けばいい」と背中を押してくれた都同教の申谷さんの言葉も思い出しながら。父と祖母にTを東京に連れて行くことを伝えた後、私は思いを語った。「今日は腹をくくって一番大事な話を聞かせていただきに来ました。Tのことを面倒みたいから、ずっとつき合っていきたいと思っているから、お父さんやお母さん、おばあちゃんのこと、地域のこと部落のことを知ってつながりたいと思うんです。どんな思いで歩んで来られたか、このむらで生きてこられたかを聞かせてほしい、教えてもらいたいとずっと思っていたのです」と。

父は、わずかに顔をこわばらせながら、「そのことはずっと関係なく生きてきたし、意識せずにやってきた。だから、その話がでると嫌だなあと思う。たまたまここに生まれただけで、人にとやかく言われることもないし……」と話された。祖母が支部員であることに対しても、「俺は支部員なんかやめちゃえと言ってるんだよ。組織を利用して得しようとしていることが嫌なんだ。それに、集会所をつくるとか、特別なことをやるからわかってしまうんだ」と言い、「位牌を見ても部落であることがわかってしまうんだ」と、祖父の位牌を持ってきて、「先生、この字を部落はみんなつけているんですよ」と説明してくれた。特別なことはやめてほしいと言いつつ、こんな差別があるんだと、その不当さを語る父。再度、私の立ち位置が問われる思いだった。父の願い、その本心に応えていかなければと、思いを語った。

私が一方的に語った思い（若い頃十数年、このむらにくらしていたこと、HやNとの出会い、最後の授業で水平社宣言を渡し続けてきたこと、狭山を欠かせない教育課題と思っていること……）を、時に笑顔を見せながら聞いてくださり、また、私がたずねたことにも、まっすぐに答えてくださった父だ。「俺が出身を知ったのは高校生の時。親父から聞いたけど、そんなこと関係ないというふうに感じた。でも、誰にも言わなかった。言うと、友達がいなくなると思ったのも事実」「息子には何も話していない。聞かれたら話そうとは思っているけど」「妻は出身ではない。ここが部落であることも知らない。知ったら大変だよ。向こうの親は、部落の人と結婚することは反対だと思うから」と。

もう下がれないとの思いで、「Tには部落といい出会いをさせたいんです。将来、万が一差別に会って部落を知るのであれば悲しい。部落に生まれて良かったと伝えたいんです」と言った私。父も、黙って聞いていた祖母も笑顔でうなずいてくれた。Tに、このむらで胸はって生きていってほしいと願っている2人の思いをしっかりと受け止めて、Tに関わっていこうと思った。

ヒロシマにも行きたい

10日後、Tと「第五福竜丸展示館」と「東京大空襲戦災資料センター」へ。寡黙だったT。電車の中で、歩きながら、展示館の中で、いろいろなことを聞いた。そして、このむらのこと、Tへの思いを伝えた。「お父さんやおばあちゃんから、むらのこと、聞いたことある?」「ないと思う」「とってもあったかいむらなんだ。差別と闘ってきたむらなんだ。それと闘って、今はみんなで伝統を守っている。Tには獅子舞を続けて、伝統を引き継いでほしい」「狭山事件の話は覚えている?」「あっ、それは覚えている」「石川さんの闘いに学んでほしい。今度、狭山に行こうよ」「Nの話、したよね」「あー、親分になってしまった人」「そう、先生の力不足で、荒れていた彼の心に届かなかった。Tが弱い立場の子を助けたこと、先生は知っている。Tには、そんな筋を通した人間になってもらいたい。このむらを大切に思う素敵な青年に。それが、辛いことをかかえている中学生に、大きな力になるんだ」……。

駅にもどると、駐車場に置いておいた私の車が動かない。Tは、「親父に直してもらえばいいから、仕事から帰るまで僕の家で待っていれば」と言ってくれる。仕事から帰った父は、「今日は息子がお世話になりました。30年やってきた仕事、簡単に直りますよ」と難なく直してくれる。朝4時起きで懸命に働いているTの父のたくましさと温かさに触れた。「来年はヒロシマにも行きたい」と言っているT。後日、父が教えてくれた。

たくさんの思いをもらって

年が明けた。

むらに足を運ぶのが楽しくなっていた。父に一番大事な話を聞き、Tに思いを伝え、私の中に解放されたものがあった。もっとむらのことを知りたい、Tのことを知りたいと思った。働き通しの父だが、何回か話ができた。Tの母との出会いや、仕事のことをたくさん語ってくださった。祖母に支部員をやめるように言う父の思いを聞く私に、「特別の恩恵を受けることで、だからあそこはと言われる。そう言われないためにも同じようにしたい。私はそういう考えです」と言い、「でも、先生が言う、Tに部落といい出会いをさせたいというのはもちろんです。このむらでずっと生きていくのは、3人の兄弟のうち、Tかなと思っているんです」とも話された。

祖母には何度もお会いした。私の訪問をいつも温かく迎え入れてくれる祖母だ。草履職人だった父のこと、妹への思い、嫁いで来てからの苦労……、むらで生きてきたその思いも少しずつ語ってくださる。「嫁は部落から来たんじゃないから、わかっちゃいけないと隠しているんだ。部落のことは、祖父が生きている時から家で話すことはないよ」と言う祖母。「でも、隠しているのはどっちも良くないんだけどね。嫁の病の原因なのかもしれない。何にも悪いことしてるわけじゃないし、こだわることないんだよね」と強く語った。

そして、T。3学期になって、一番親しかった友人とぶつかったりしながらも、大事なことは胸に留め、筋を通した生き方をしようとしているTだ。もう半年以上も実家で静養している母に、父と兄と一緒に会いに行ったことをうれしそうに話す。「先生も心配していると言っておいたよ」と。「東京に行った時、先生はTにいろんなことを言ったけど、覚えていることある?」との問いかけに、「親の人生を聞けっていうこと」と答え、友人とのトラブルのことも、「俺はやり返さないよ。手を出すほど弱くない。ガードはするけどね」と言った。

少しずつ自分の生き方を考えていくだろうTと、ていねいにつき合っていきたい。実家で療養生活を続けている母のこと、今も解放新聞を断わる祖母のこと、運動から距離を置き、懸命に家族を支える父のこと、……1つひとつ、Tと一緒にくぐっていきたい。それら1つひとつが、Tにとっての部落なのだから。そして、部落を知ることはTにとって素敵なことなのだから。

大正時代に差別と闘ったむら。支え合ってくらす温かいむら。そんな歴史といまを誇れる人間になってほしい。やがて、むらの若者としてたくましく成長し、ささら獅子舞を踊るTの姿が目に浮かぶ。

「このむらに生まれて良かった」との思いを求めて

3年生になったT。

今年になって、むらの子を含めた数名と、むらの集会所で週1回、夜の勉強会を始めていたが、5月末、Tにも集会所での学習を働きかけた。「やります」と即答したTだ。

その頃、新潟県同教から、研究集会（8月6日）での報告を要請された。8月6日は、Tと一緒に広島に行っている日だ。迷っていると、「Tと一緒に新潟へ行ったらいい」と、埼人教の仲間から背中を押された。Tに出身を伝えよう、そして、新潟にも行かないかと言おう、と決意を固めた。

6月10日、父に会いに行った。Tと広島を訪問した帰りに新潟にも一緒に行きたいと思っていると伝える。「本人がいいと言うならかまいませんよ」と父。私はもう一度、父と祖母の目を見て思いを語った。「実はお父さん、新潟には、県同教の研究集会で、私がこれまで部落の子に関わってきたささやかな実践を報告しに行くのです。私はTに、このむらのこと、部落のことを伝えたい、このむらに生まれたこと、良かったなあと伝えたいんです」と。父は、私が何を話しに来たかを予想していたように、「Tは先生のことを信頼しています。本人が先生と一緒に行くと言うなら連れて行ってください。親父にも聞きたいことがあったらいつでも聞いてみろ、と言ってやってください」とはっきり話された。うれしかった。

私は、「お父さん、おばあちゃん、ありがとうございます。私自身が裏切らない生き方をしていかなければと言い聞かせています。Tとずっと関わらせてください。Tが壁にぶつかったら、すぐに飛んで来ますから」と言った。心の底から、そんな思いでいる。

そして、1週間後（6月17日）の集会所学習。Tに向き合い、こう伝えた。「Tが生まれたこのむら、いいところだ、あったかいむらだ、差別と闘ってきたむらだと言ってきたけど、ほんとうにそうなんだ。石川一雄さんのこと、覚えているだろう。実は、Tが生まれ育ったこのむらは、石川さんと同じ被差別部落なんだ」。Tは、小さく、「えっ」と声をあげ、その意味を自分の中で懸命に整理するかのように、ずっと私の言葉に耳を傾けていた。父が私に語ってくれた思いを伝えた時は、涙を流した。私は続けた。

「ここに生まれたこと、生きてきたこと、良かったんだ。だって、差別に抗ってきた強くあったかいむらなんだから。そんなむらで歩んできたお父さんやお母さん、おばあちゃんのもとで生まれ育ってきたTであること、ほんとうに良かったと思っているんだ」と。

そして、HやNのことにも改めて触れた。Yのことにも触れた。「HにもNにも一生懸命関わってはきたんだけど、部落のことは言えなかったんだ。Yにもきちんとは伝えきれていない。もっと苦しめることになるんじゃないかと。でも、今は違う。先生はこのむらが好きだし、あったかいものをいっぱいもらってきた。だからTには、むらのことを正面から伝えていきたいと思っていた。このむらで、胸をはって歩んでいってほしいんだ」。

再度、涙を流したTだった。でも、「新潟にもTと一緒に行きたいと思っているんだ」と言った私に、「行きます」と答え、「Tのことももちろん話すよ」と迫ると、「大丈夫です」と強く答えた。

新潟県同教の研究集会。会場にいるTに、精一杯の思いを改めて伝えたい。「T、このむらに生まれて良かったな。先生も一緒に歩んでいきたい」と。

出身を伝えて間もなく、Tは私に、「僕と同じ部落の仲間はいないのですか」と尋ねた。Tを孤立させるわけにはいかない。何度でも足を運び、深くむらに出会う。そして、仲間をつないでいく。「もう一度、このむらの教師として」の私の歩みは、まだ始まったばかりだ。

Tと刻んだ2010年夏休みを経て……

2010年夏休み。Tの、そして私の大きな大切な一歩になった。

「ヒロシマに学ぶ埼玉子ども代表団」の一員として、計12名の小中学生と被爆の実相に学んだ2日間のヒロシマ。Tは最上級生として下級生の面倒をよく見、「子どものひろば」では、全国から集まった子どもたちの前で、代表あいさつをした。

8月6日早朝、2人で糸魚川に向かう。新潟県連の浦澤さんと私の、それぞれ1時間強の話に、会場でずっと耳を傾けてくれていたTだ。帰りの電車の中で、Tは私にこう言った。「部落のこと、知って良かった。僕も大人になったら、そういう組織の中で、差別をなくしていきたい」。優しいTが、私に気をつかって言った言葉かもしれない。が、Tのこの時の真実の言葉だとも思う。

東京で、毎年行っている「部落研・外文研（朝文研）交流会」にも誘ってみた。ほんとうにつながることのできる仲間を求めているTだ。交流会に参加し、厳しい人生をくぐってきた先輩の歩みに触れたTは、こんな感想を書いた。

「今回、初めてこの会に参加して、とても勉強になったし、これからのためにつなげて行けるようにがんばりたいです。自分は、まだ部落のことが、じっかんがないので、これから、どんなことがあるのかわからないので、どんなことになっても、部落っておしえても、逃げていかない友達をつくりたいです。今日だけの参加でしたが、いろいろな話などがきけてうれしかったし、いろいろな仲間がいたのでよかったです。良いけいけんになりました。ありがとうございました」。

帰宅を確かめるため自宅にTELすると、父は、「いい表情で帰って来ましたよ」と言ってくれた。

そして、2学期。

「石川一雄さんにも会いたい」と言っていたTを、「狭山事件の再審を求める集い」にも連れていった。集会後、石川さんに声をかけられ握手したことや、早智子さんから、70歳の石川さんが完全無罪を勝ち取るためにジョギングする姿を写した拡大写真をいただいたことをとても喜んでいたT。石川さんの闘いを心に止めて歩んでいってほしい。

残り4ヵ月になった中学校生活。建築科への進学を当面の目標に、時に揺れながらも頑張っているTは、週1回の集会所学習には必ず参加している。ここを、「解放子ども会」を展望しながら、「僕と同じ部落の仲間はいないのですか」と言ったTの願いをつないでいく大切な場にしていきたいと思う。

Tは、二〇一一年三月、M中を卒業していった。集会所学習は継続できなかったが、私はその後も、T宅をたびたび訪問した。Tは、高一の時も高二の時も「部落研・外文研交流会」に参加し、出身であることの意味を見つめ続けてきた。しかし、高三になった年の夏、Tはもがき苦しんだ。「部落のことは忘れたい」「親父も、母ちゃんに部落のこと、隠している。恐がって逃げているじゃないか」「部落じゃない人が部落のこと、わかるはずがない」と、いら立ちをぶつけ、交流会への参加も頑なに拒んだ。迫り続けた私に、部落外から二五年前に嫁いできた母が思いを吐露してくれた。

もう二〇年も前に、ここが部落であることを知っていたこと、それを誰にも語ってはこなかったこと、心の病や祖母との関係に苦しみながら、三人の息子を思い、このむらで生き続けてきたこと……。そして、苦悩するTに強く語った。「差別があるから、差別をなくそうと頑張って活動している人もいるんだよ。集会所もそのためにつくったんだよ」と。二〇一四年三月、高校を卒業し、家を出て、鳶の仕事を始めたTだ。Tの家族とのつき合いを続けていきたい。祖母と父と母が互いに部落を語っていく、Tに伝えていくことが家族を結びつけていくことになるし、そこに座っている私でいたいと思った。

10　エドたちと歩んだ三年間

Tに出身を伝えてからの三年数ヵ月の歩みは、エドたちと向き合った三年間の歩みとほぼ重なる。Tに出身を伝えた私であったから、エドたちとの大切な時間を持てたのだと思う。

私は、日教組の全国教研でも六回レポーターをしている。第六三回教育研究全国集会（二〇一四年、滋賀）では、「この子たちと歩んだ三年間——水平社発祥の地へ。被災地への思いとつなげて」と題し、こう報告した。

エドとの出会い

Tは、二〇一一年三月、M中を卒業していきました。そして四月、東日本大震災直後の失意と悲痛に満ちた被災地の状況が連日報道される中、エドたちが入学してきました。ナイジェリア人の父と日本人の母のもとで生まれたダブルのエドは、三歳の時から校区の児童養護施設で暮らしています。浅黒い皮膚、筋骨たくましい体格のエドは、はちきれるようなエネルギーで、いつでも、二〇人にもなるやんちゃな仲間を引き連れて行動する少年でした。「授業中に校内をうろつき、空き教室でほうきをバットにして野球に興じる」等々、エドを中心とする彼らの無軌道なふるまいに、小学校の教師も困り果てていたようです。

腹を据えて中学校に迎え入れた四月。彼ら「エド軍団」は、廊下やトイレにたむろし、昼休みには校庭の使用をめぐり、上級生とぶつかり合うこともありました。容易には指導を受け入れまいとする彼らの姿。信頼に足る教師集団であるかどうか、試していたのかもしれません。ある日、私は、休み時間に廊下で仲間とプロレスごっこをしていたエドに声をかけました。「おまえ、なかなかいかす奴だ。ダブルであること、大事にしろよ。人の役に立つ人間になるんだ。弱い立場の者の力になれるおまえにな」と。エドは、白い歯を見せ、「うん」と答えました。

エドたちと被災地へ

震災から一ヵ月半が経った五月はじめ。私は、日教組の一員として「被災地支援ボランティア活動」に参加することになり、岩手県大船渡市に入りました。無残に破壊された家屋、車、漁船、様々な残骸……。目の前に広がる、この世のものとも思えぬ惨状に向き合いつつ、ただ無我夢中で汗を流した一〇日間の日々でした。帰校後、気持ちの整理がつかないまま、子どもたちに学年集会で思いを伝えることになりました。以下、現地で撮った写真を写しながら、私がかろうじて語ったことです。

・いのち――数字への違和感。あまりにも不条理な一人ひとりの死。

・被災者の苦悩と闘い――喪失感と深い悲しみの中にある被災者の強さとあたたかさ。

・連帯を。つながることを――黙々と働くボランティアの若者。忘れないこと、どうすればよいのか考え続けること、そして、君ができる行動を。君たちといっしょに現地に行きたい。

・この国のかたち――漁業の再生と食の未来。原発。ヒロシマの血涙の誓い「過ちは繰り返しませぬから」。なぜ……。

私が絞り出した言葉に、正面から応えてきたのがエドとKでした。数日後、「俺たちも被災地に連れていってほしい」と、真剣な表情で懇願してきたのです。七月半ば、あるNPOの被災地を訪れるバスツアーに参加し、宮城県石巻市と南三陸町に行くことになりました。家屋の大半が流され、廃墟になった村の一つ、石巻市北上町十三浜。そこに花の種を植えました。南三陸町で最も被害のひどかった志津川地区を歩きました。破壊し尽された小学校の中に入り、その惨状を目の当たりにしたKは、同行した新聞記者の問いかけに、言葉にならず、ようやく「残酷」と一言語りました。被災し、それまで経験したことのない苦難の中で生きている地元の子どもたちとバーベキューをつくって食べたり、ペットボトルのロケットを飛ばして遊んだり、……そんなひと時も過ごしました。同世代の被災者との交流は、エドにとって、自分を見つめ直すかけがえのない体験になったのでしょう。

東京への帰り道。「もったいなかった　今まで」とつぶやいたのでした（『朝日新聞』二〇一一年八月二四日）。

もったいなかった今まで

いま子どもたちは No.121

被災地で考えた［1］

エド・13歳

真っ青な夏空に、ペットボトルのロケットが水しぶきを上げて飛んでいく。

「やったー!」。他の子のよりも遠くまで飛んだ自分のロケットを追って、川上エドオジョン智慧《ちえ》君(13)が駆け出した。

宮城県南三陸町のキャンプ場で7月、十数人の小中学生が一緒に遊んでいた。東京からこの日バスで来た川上君たち10人と、地元の被災した子たち。子どもが被災地を見て学ぶNPO主催のツアー「がれきの学校」のひとこまだ。

初め硬かった子どもたちの中で、みんなが「エド」と呼ぶ川上君は一番よく笑い、跳ねていた。芝の斜面を段ボールのそりで滑り降りたり、チーム対抗リレーを始めたり。地元の子たちは、自然と彼の周りに寄ってくる。「どこに住んでんの?」「部活何してんの?」。別れ際には「メアド交換しよう」。

本当は緊張していた、とエドが後で教えてくれた。「話しかけてもらえないと思ってた」。自分が住む埼玉県には、震災後も普通の生活がある。大事な物を失った人たちには腹立たしく映るのではないか、と。

東京への帰り道。

「もったいなかったな」

エドがつぶやいた。

津波で流された物やお金のことではない。自分のことだと言う。彼はツアーで見た廃虚の小学校と、出会った子どもたちを思い出していた。「小学校の時、俺、悪かったんすよ。授業に出なかったり。学校に行きたくても行けない子もいるのに。ちゃんとやればよかった」。まだ声変わり途中の少しかすれた声で言った。

川上エドオジョン智慧君。ツアーの中で、宮城県石巻市の津波に襲われた地域で花を植えるボランティア活動に参加した＝原田写す

つい半年前、小学生だった彼は学年で十数人の「やんちゃな男子」のリーダーだった。授業中に校内をうろつき、空き教室でほうきをバットにして野球に興じる。自由が楽しかった。

震災にも興味はなかった。繰り返し流れる津波や廃虚の映像に「もういいよ。分かったって」とうんざりしていた。

その彼がこのツアーに加わったのは、いま通っている中学の岩崎正芳先生(54)がきっかけだ。5月に学年集会で、先生が岩手県へボランティアに行った話を聞いて、「連れて行ってください」と頼んだ。「前にも先生に『人の役に立て』って言われてて。俺でも何かできるかなって」

実は中学に入るころから、そろそろリセットしたいとひそかに思っていた。でも「問題児」との評判は中学校にも届いている。どうせ先生には煙たがられるのだろうと思っていた。

でも岩崎先生は意外な言葉をかけてくれた。「お前は面白いやつだ。いいものを持ってる」。先生は「小学校の話は聞いていたが、会ってみると行動力があって、筋を通す魅力的な子。それを素直に伝えた」と話す。エドはそれから「やっぱり変わろう」と思いを強くしたという。

「まだ間に合うのかなって」。先生のボランティア話を聞いたのは、そんな時だった。

8月中旬、記者はエドを訪ねた。「もったいなかった」と悔いて、彼の日常は変わったのだろうか。

「変わりました!」。彼は即答した。所属するサッカークラブで自主練習を提案するようになった。相手にボールを奪われても全力で走って戻る。きつい時でも手を抜かない。

「被災地の子たちは良い環境にいないのに、俺らに普通に関わってくれた。それがありがたくて。だから自分が今やれることは一生懸命やろうって」。その日も自主練習の帰りだった。

「それも『俺よくやった』って感じです」。少し得意げに鼻をふくらませた。

「人の役に立つ」も実践中だ。電車で高齢者に席を譲る。きちんとあいさつし、礼儀を守る。大人にはささやかなことのようでも今の彼には大きな一歩だ。

「人の役に立つとなんか達成感がある。今、生活の充実感がすごくあって。充実させていくのが楽しい」

あのとき南三陸で会った子たちとは、今もメールや電話でつながっている。

(原田朱美)

◇

この夏、被災地を訪れた子どもたちがいる。感じたこと、学んだこと、自分の変化。胸の内を聞いた。

エドたちと被災地へ――「もったいなかった　今まで」
(『朝日新聞』2011年8月24日)。

エドを生徒会長に

それでも、ぶれることも少なくなかったエドです。彼の人生最大の目標は、サッカーで世界のトップになること。そのサッカーで壁にぶつかった時は、授業にも出られず、校舎内や校庭の片隅で一人葛藤している姿がありました。そんな時、彼の十数年の人生を聞き、うなずき励ましながら、同じ時間を過ごすことしかできなかった私です。

エドをはじめ、一筋縄ではいかない多くの子どもたちが通うM中です。そこには、格差の拡大、貧困の固定化という社会の歪みの中で、喘ぐように生きている親たちの厳しい生活背景があります。物質的にも精神的にも〝貧しき子ら〟の「低学力」と生活の崩れに対して不断に対面する日々でした。そんな子どもたちを必死で追い関わった教職員集団の存在がなければ、エドを中心とした学年の子どもたちをつなげ、以下に記すような実践を創っていくことは難しかったかもしれません。一年時、二・三年時にエドを担任した教師も、それぞれ彼をおおらかにまるごと受け止めながらつき合っていました。

二年生の半ば、教職員の飲み会の場で出された、次期生徒会長をエドにしようとの話題。

公の話し合いでは、さすがに意見は分かれましたが、最後は生徒会担当の私に一任ということになり、エド会長が誕生しました。他の生徒会役員に支えられながらも、彼の人間的な魅力は、「軍団」はもとより、全校生徒を引きつけ、生徒会活動を大いに活性化させてくれました（活動の一つとして、被災地への支援も行いました。「……二〇一一年の夏に岩崎教諭らと宮城県沿岸を訪れた生徒会長で二年生の川上エドオジョン智慧君（十四）は『できることからゆっくり頑張っていこう』と書いた。震災の惨状が広がる被災地をじかに目の当たりにし、同世代の被災者を知ったことで自身の生活を反省し、『こっちでやれることをしたい』という思いが芽生えた。『現地に行きたくても行けなかった人たちの気持ちも伝えようと思った』と話した。……」（「被災の大漁旗にメッセージ」『埼玉新聞』二〇一三年三月四日）Ｘ・Ｍ中）。

学年劇「渋染一揆」――市介をＫに

エドたちが入学して以来、三年生で実施する修学旅行を展望しつつ、震災の学習と、部落問題を中心とした人権学習を重ねてきました。主な取組に絞って記します。

二年生の東京校外学習でも、この二つをテーマに進めました（事前学習の最後には、ＮＰ

Ｏ法人人権センターＨＯＲＩＺＯＮの片岡遼平さんに、部落出身者としての生き方と、震災後、今日まで取り組んでこられた支援活動をつなげ、「被災地に熱あれ光あれ」と題して講演していただきました）。グループごとに訪問するコースを決め（芝浦屠場の見学・屠場労働者の話に学ぶ。東京都慰霊堂、東京都復興記念館の見学・関東大震災を学ぶ。第五福竜丸展示館の見学・被曝の実相を学ぶ。等）、当日は、現地で学びを深めました。

三年生を送る会では、江戸時代の被差別民衆の最大の闘いである「渋染一揆」を学年劇として発表しました。主役の一人である市介役に立候補したのはＫでした。主役をＫにさせたいとひそかに思っていた私ですが、一年生の時のＫのあり様も浮かび、不安もありました。なげやりで、感情にまかせた言動に手を焼く教師。ある授業には私も入り、Ｋの横に立って手をにぎり、落ち着いて授業に臨むよう促し続けた時期もありました。時には、教室から引っ張り出して強く迫ったこともありました。そんな「問題行動」を繰り返してきたＫが、市介役に立候補したのです。迷っていたＫの背中を押したのはエドでした。

取り組みが始まるやＫは、せりふを懸命に覚え、何度も練習を重ねて市介になりきっていきました。

「みんなの言うとおりじゃ。それぞれ、家のもんがおる。おっかあもおれば、かわいいさかりのやや子もおる。家のもんば犠牲にするわけにはいかん。そげな、いとおしい気持ちは、みんな同じじゃ。だからこそじゃ……。だからこそ！　子どもや孫の代まで差別を残しちゃなんねぇ。今、わしらがたたかうんじゃ」――全校生徒と、当日、見に来てくれたKの母をはじめとする多くの保護者の前で市介を演じきったK。Kが主役を担うことが、Kと学年集団の大きな一歩になると感じとったエドの見事な後押しでした。

狭山事件を学び、石川一雄さんの生き方に向き合わせてきたことは言うまでもありません。エドたちにとっての最後の「命の日」である今年の一月一七日（M中は、この日を「命の日」と位置づけています。私が新任として赴任した年度のこの日、校内マラソン大会で、ある生徒がゴール寸前で倒れ急死してしまいました。凍りついた職員室、教室から聞こえてくる生徒たちの泣き声、忘れることができません。命と人権を考える日として今日まで継承されてきています）、狭山を訴え続けている埼玉の教員グループである「うっちゃんバンド」に来校してもらい、子どもたちに歌声とメッセージを届けてもらいました。エドは、感想をこう綴りました。

「差別の話はネルソン（岩崎のあだ名。ネルソン・マンデラ大統領が誕生した翌年、新婚旅行で南アフリカを訪問した私は、マンデラの生き方を生徒によく語っていました）から教えてもらっていて、自分も差別はいけないこと、絶対ダメなことがわかっていた。……今日歌を聴いて、……〝人を大切にすること〟の大切さも改めてわかった。あと、〝人は生まれて、必要とされない人はいない〟という言葉もよかった。自分も、いろんな人に必要とされる人になっていきたいと思った」。Kは、こう綴りました。

「……石川さんのことは岩崎先生からよく聞いています。歌を聴いて、すごくいい曲だと思いました。僕達は、修学旅行に行った時に、水平社の地に立ちました。……人を差別しないで接していきたいです。ありがとうございました」。

水平社発祥の地へ

二〇一四年四月。三年生になったエドたち。六月二日～四日、学年全員で水平社発祥の地に立つという、入学以来、子どもたちにずっとなげかけ続け、学びを積み重ね、少しずつその意味を共有してきた修学旅行の日がやってきました。相変わらずやんちゃな「エド

清原隆宣住職の講話に耳を傾ける生徒たち（西光寺）。

軍団」は、一日目の夜、いつまでも眠らずに騒ぎ、担任から真夜中に部屋から出され、廊下そうじをさせられる状態でした。

二日目、いよいよ水平社発祥の地へ。睡眠不足のはずの子どもたちでしたが、誰もが真剣なまなざしでした（ここでもエドが、「この場所だけは本気でやろう」と呼びかけてくれていたと後から聞きました）。クラスごとに、水平社博物館の見学、フィールドワーク、西光寺での清原隆宣住職の講演を聞く活動を行いました。講演を聞き終え、西光寺から出てきた「エド軍団」の一人に、「どうだった？」と尋ねました。「なんか心にどんどん入ってきた。すげえ良かった」と、さわやかに語った彼は、旅行後、感想をこう書

全国水平社発祥の地・西光寺の前で（奈良県御所市柏原）。
Ｘ市立Ｍ中学校第３学年集団（2013年6月3日修学旅行）。

いています。

「清原さんの話はすごく力強かった。……言葉に気持ちが入っていて、すごく感動した。俺は特に、『自分は好きですか？』という話をきいて、ほんとに心にきた。正直、自分はきらいだったけど、あの話きいて自分にほこりをもてるようになった。ほんとにありがたい話だった。これから先、生きていくために大事なことを教えてもらった」。子どもたちの心に、水平社宣言の思想を、平易に、深く語って刻んでくれた住職。出身の生徒はもちろん、それぞれの生徒にとっての人生の糧になったことでしょう。西光寺の前で撮った学年全員の集合写真。一人ひとりの素敵な笑顔は、様々

『よき日の為めに』水平社博物館の見学。

フィールドワーク「水平社宣言記念碑」の前で。

大川小学校の敷地内に立つエドとK。

な背景をもつ子どもたちに寄り添い続け、仲間をつないできた取り組みの成果と思っています。

修学旅行最終日の三日目は、神戸の「阪神淡路大震災記念　人と防災未来センター」へ。被災者の講演、疑似体験等、ここでも貴重な学習をして帰路につきました。

再び、被災地へ

震災から四ヵ月後に私といっしょに被災地に出向いたエドとKは、卒業前にもう一度あの場所に立ちたい、あの日植えた種がどう芽を出しているか見てみたい

あの日、種を植えた場所で（中央は筆者）。

防災対策庁舎の前で手を合わせるエドとK。

と、ずっと言い続けていました。

高校受験を終えた、卒業一週間前の今年三月八日、三人で再び、石巻市と南三陸町に向かいました。惨状を目の当たりにした小学校は取り壊され、高台に移転されていました。この日は、大川小学校の敷地に立ち、深く残る震災の爪痕に向き合い、静かに手を合わせました。南三陸町に残る破壊された市庁舎の前でも再び手を合わせた二人です。そして、種を植えたその場所にも足を運びました。が、芽を探すことはできず、荒れた風景に復興の遠さを感じざるを得ませんでした。救いは、あの日ここを訪れた時に私たちを案内し、あの「地獄」を語ってくれたSさんに再会することができたことです。二人を見たSさんは、「大きくなったなあ」とすぐに思い出してくれ、今の心境を語ってくれました。「命があるのだから、二人とも自分のやりたいことを思いっきりやっていくんだ」。――震災三年の三月一一日の学年集会で、二人が仲間たちに伝えた、Sさんからのエールです。

三日後、二人を含めた学年の子どもたちは、いっぱいの涙と最高の笑顔で、M中を巣立っていきました。

……

実践を重ねながら、私の問題意識を「人権教育だより」として記し、職場に配り続けた。前任校から合わせて九年間、計六六六号書いた。二〇一一年度の終わりに出した七五号が最後だった。

そして、二〇一二年度から四年間、埼玉県人権教育研究協議会の事務局長として、自分を叱咤激励し走り続けた。

2011年度、お疲れさまでした。

差し迫る破局——「次の大事故は、日本列島に住むすべての人間にとって、放射能汚染されていない自給食料がまったくなくなるという絶望的な暗黒の世界に突き落とされる恐怖である。……原発の再稼働はまた、処理不能な毒物＝高レベル放射能廃棄物の生産を再開する……ということにほかならない。恐怖の最終処理場となる名もなき町や村に暮らす地元民の生命と生活について一顧だにしない、理性を欠いた考え……。これは、現状を放置している日本人全体の民度の問題になってくる。……だが、その間違いなく到来する悲劇を、平穏な暮らしを望んでいる罪のない地元民や、まったく責任のない子供たちに押しつけてよいのか。そこが原発問題の本質なのである」（広瀬隆「わたしたちと原発」『朝日ジャーナル増刊号：あしたが危ない　すべての原発の即時廃止を求める』二〇一一年三月二〇日）。

これだけの災いを社会にもたらした東電や政府の責任が法廷で裁かれず（先月、都内で「原発を問う民衆法廷」が開かれています）、原子力ムラという「国体」が「護持」され、再稼働に向けて動き出していることに驚きを禁じ得ません。しかし、それを容認しているのは、この国の民度。私たちも問われているのだと思います。

6年前（水俣病公式確認50年の2006年）の水俣訪問を思い出します。「物を教うっとが教師の仕事じゃろ。あんたたちが水俣病ば教えてこんだったけん、患者が苦しまんとならん」（水俣病患者の浜元二徳さん）。そして、原発もまた……。「子どもたちの未来のために……」、教壇に立つ私たちの責任の重さを思います。差別を内包している原発（作家の落合恵子さんは、原発に内包する四つの差別に言及しています――レイシズム（人種差別。ここでは、原発の立地する土地で暮らす人々への差別）、セクシズム（性差別）、エイシズム（年齢差別。「年寄りは足手まといになります。私は、お墓に、避難します」との言葉を残して自殺した高齢の女性も……」、エイブリズム（健常者中心主義」）であれば、人権教育の重要な課題と言えましょう。

明日から春季休業。今年度の残った仕事、来年度の準備と息つく暇もありませんが、わずかでも研修を。

以下の2冊の著書から、そして、今年もまた、「原爆の図　丸木美術館」訪問（丸木俊の生誕100年展、東松山で「原発はゆっくり燃える原爆だ」『朝日新聞』2012・2・16）によってエネルギーを得て、新年度の子どもたちを迎えたいと思っています。

■『なみだふるはな』（石牟礼道子、藤原新也、河出書房新社）

水俣そして福島　危機にさらされるふつうの人々の生活と命。罪なき動物たちの犠牲。母なる海の汚染――二つの土地は時を経ていま共震する。その悲劇を目撃したふたりによる、魂の対話集。

■『特別授業　3・11　君たちはどう生きるか』（河出書房新社）

「人権教育だより」、読んでいただき、ありがとうございました。

前任校のR中で、旧同和教育推進教員を引き継いでからの6年間計444号、本校に赴任して2年目からの3年間計222号書き続けてきましたが、いったん筆を置きます。充電を……ということです。

来年度から、埼玉県人権教育研究協議会（埼人教）の事務局長をお引き受けすることになりました。力不足ですが、本校の人権教育を先生方と力を合わせて進めていくことをベースに、埼玉県の人権教育が少しでも前進するように、私の教職生活の最後のご奉公という気持ちで務めていきたいと思っています。よろしくお願いします。

（「人権教育だより」NO75　二〇一二年三年二六日）

11　最後の担任

M中でエドたちを送り出し、私の教職生活は残り三年になっていた。二〇一四年四月。強く希望し、再びR中に赴任した。

六年の時を経て戻ったR中の子どもたちは、あの時のような荒れも不登校もなく、一見、穏やかに学校生活を送っているようだった。が、むらの子やダブルの子等、被差別の立場にある彼らの最も大切なものに迫る取り組みがなされているとは言えない。自分のことを語れる場、そんな仲間が集える場をつくりたい。それは、私がTからもらった大事な宿題だ。Tに出身を伝えて間もなく、Tが私に尋ねた「僕と同じ部落の仲間はいないのですか」との発言。仲間をつなげていく大切な宿題を今度こそ果たすべく、しんどい子に寄り添う営みを重ねていこう、そんな思いで最後の三年をスタートさせた。

R中二年目、六年ぶりに担任を持った。長い教員生活、最後に担任をしたのは二年二組

壊憲に抗う

2016年1月1日

謹賀新年

「原爆の図　丸木美術館」見学後
都幾川の河原で(2年2組　2015.5.5)

「神風特別攻撃隊『魂を刻む声』」
(劇団生命座　2015.10.18　北本文化センター)

東友会=東京都原爆被害者団体協議会
の前で(2学年東京校外学習　2015.6.23)

原爆ドームの前で
(ヒロシマに学ぶ埼玉子ども代表団　2015.8.4)

だった。あったかいクラスにしたい、賢い子どもに育てたい、そんな思いで子どもたちと歩んだ。辛い背景を持つ子は何人もいた。Uを守ること、Sを学校に来させること、いつも机に伏せているOの背筋を立たせること……、私自身に課してスタートした。

　戦後七〇年、この

国は歴史の岐路に立っていた。私は、最後に担任したこのクラスでも、希望する生徒を「原爆の図　丸木美術館」見学に連れていった（教員になって以来、担任を持った年は欠かすことなく行ってきた行事だった。丸木俊さんが、子どもたちの前で素敵な絵を描いてプレゼントしてくださった年もあった。今も、私の書斎に掲げてある）。二学年の東京への校外学習は、平和学習として取り組んだ。夏休み、Uは、「ヒロシマに学ぶ埼玉子ども代表団」の取り組みに、前年に続き参加した。

同年九月一九日、第二次安倍内閣は、国会前での連日の多くの人々の抗議行動を無視し、「安全保障関連法案」という名の戦争法案を強行採決する。前日も国会前に立っていた私は、子どもたちにこう語った。

9・18　歴史の歯車が回った（回ろうとしている）日――君たちを思う、父を思う

小雨が降りしきる中、国会議事堂を取り巻く人々の波。昨晩、23時前まで、そこに立ち続けていた先生です。先生にとって最後の教え子になるであろう君たちのことを思いつつ……。

「70年前、私たちの先輩たちは、『逝いて還らぬ教え子』の墓標の前で教育の戦争犯罪を痛切に反省し、痛恨の歴史を繰り返さぬと堅く誓って戦後教育をスタートさせました。そして、日本国憲法の理念を具体化すべく不断の努力を重ねてきました。その戦後日本の歩みを根底から変質させる安全保障関連法案が今月半ばにも可決、成立かと報じられています。この国は、どこに向かおうとしているのか。子どもたちをどこに導こうとしているのか。……私たちは教壇に立つ者として、戦後の原点を見失うことなく、真理と平和を希求する人間、くらしを見つめ、不正なことと不合理なことを許さない人権感覚を身につけ、自らの自己実現へと向かおうとする子どもたちを育てていかなければなりません」（第40回埼玉県人権教育研究集会「集会の基調」２０１５年9月5日）。

そして、8年半前、85歳で他界した父の人生を思いつつ……。「１９２１年生まれ。10歳の時に満州事変、20歳の時にアジア・太平洋戦争、30歳の時に講和条約、……戦前、戦中、戦後と、激動の85年間の人生でした。……父は、貧しさの中で、望んでいた勉学の道も断念し（小学校卒です）、時代の波に翻弄されながらも、ただひたすら、生きんがために必死に働き続けた、一介の商売人にすぎません。……が、その85年の人生にもまた、この国の近・現代史の光と影が刻印されていたはずです。私が、最も学ばなければならなかった目の前の人生でした。今となっては、父が生きてきたこの国の85年を学び直し、その光と影を引き受け、私自身が息子や娘に、そして生徒たちに、語れるものをもてるような歩みをしていくしかありません」（「人権・同和教育だより」№82、2007年2月22日）。

今日9月18日は、84年前（1931年）、15年戦争が引き起こされた日です（柳条湖事件=満州事変の発端となった事件）。アジア太平洋全域で、2000万人とも言われている民を殺戮した侵略戦争が始められた日です。その年、10歳だった父は、日本がさらに破局へと突き進んだ10年後、アジア太平洋戦争の中で、一兵士として南太平洋に送られました。戦いと飢えに苦しめられた、死と隣り合わせの日々。そんな戦争の狂気は、「平和」の時代の中で、人々の背後から徐々に、しかし確実に忍び寄ってきていたのです。「戦争が廊下の奥に立っていた」（渡辺白泉）。1939年、京都大学俳句会で活躍していた学徒の俳句です。

白泉は、「平和と文学を愛するごくふつうの大学生でした。ところが、特高警察はこの俳句にまで目をつけ、『反戦思想の持ち主だ』として、白泉に治安維持法違反の嫌疑をかけ、投獄しました。仲間も俳句を作れないほどの言論弾圧を受けました。いまに伝わる『京大俳句事件』です。たった一句の俳句にまで弾圧が及んだ暗黒の時代。そのおぞましい暴力は、まだ大丈夫だろう、と思っている矢先に、突然に襲ってきたのです。今、おぞましい暴力、不気味な圧力は、私たちの背後に忍び寄ってはいないか。今ほど歴史の教訓に学ばなければならない時はないと思います」（前述、集会の基調）。

そして、戦争末期、「特攻」という、さらなる狂気を招いていったのです。「今日は、朝会のアンパンマンが印象に残っています」（T・Iさん『あゆみ』から）。S先生が話してくださった先日の道徳朝会。先生も印象に残っています。漫画家やなせたかしさんが、戦争で海軍に志願し、特攻隊として22歳の若さで亡くなった弟を想い作ったという『アンパンマンのマーチ』。「何の為に生まれて　何をして生きるのか　たとえ胸の傷がいたんでも」――かみしめたいと思います。先生は今、朗読劇『戦後70年特別企画――神風特別攻撃隊　魂を刻む声』（劇団生命座、2015年10月18日、北本市文化センター）に関わっています。K・Sさんが見に来てくれるそうです（ありがとう。お家の方のご了解が得られれば、他の人も是非）。死を強いられた若者の苦悩、残された者の深い悲しみ、戦争への怒り……少しでも感じ取ってほしいと思います。

国会議事堂を後にし、先生が帰宅したのは18日0時30分。今朝のニュースでは、国会ではなお緊迫した状況が続いているようです。柳条湖事件が起こされた今日9月18日という日に、歴史の歯車が回されるのでしょうか。君たちにどうバトンを渡していくか、考え続けている先生です。

誕生日おめでとう（9月生まれ）

N・H（14日）、T・I（16日）、T・I（18日）、Y・M（19日）、K・S（21日）

（二年二組学級通信「すいみやく」二〇一五年九月一八日）

狭山の闘いも正念場を迎えていた。翌二〇一六年の新年交流会に、SとOを連れて参加した。石川一雄さんをはさんで撮った写真を、早智子さんが拡大して送ってくださる。二人を励まし続けてきた写真。週一回の夜の学習会（子ども会）にもずっと参加してきた二人だ。

石川一雄さんの闘いを胸に……

クラス解散まで2ヵ月です（3学期終業式は3月25日）。力を合わせて歩んできた2組での日々も残り43日になりました（土日祭日を除く）。2組での歩みを小さな誇りにして最上級生になる新たなクラスのスタートの日を迎えてほしい、だからこそ、2組での最後の2ヵ月の日々も大切に大切に重ねていってほしいと思う先生です。

何度となく学んできた狭山事件。石川一雄さんの闘い。一昨日（1月23日）、石川さんを支援する人たちが集まる新年交流会が狭山で開かれ、石川さんと会いたいとずっと言っていたOとSといっしょに参加してきました。

狭山事件が発生して今年で53年。石川さんの「見えない手錠」をはずす闘いが続けられています。今年こそ、再審無罪を勝ち取ろうと思う支援者の闘いも続けられています。参加した2人は何を感じ取ってくれたでしょうか。「教育の　機会奪われ　過去の吾　生死を賭して　獄で学ばむ」（石川一雄）――願わくば、石川さんの生死を賭した学びから、自分の今を見つめ、自らの課題に立ち向かう機会になってくれていたらと思います。

中学生の時、ずっと不登校であった石川さん。学力も進路も保障することができなかった教師。〝第二の石川さんを出すな〟——同和教育に携わる教師の教訓です。先生が不登校であったYと関わり、Yのお母さんと共同で全国人権・同和教育研究大会（宮崎大会）で報告したのは２００５年のことでした。参加した分散会では、５本の報告のうち３本が不登校の生徒に関わった実践でした。フロアから出された以下の意見、今も心に刻まれています。

「クラスのなかまをつなぐのは、不登校の子への理解でも、その子に関わらなくてはいけないという責任感でもなく、しんどさの共有ということだ」「再登校したから解決ではない。……苦しかったけど、いろんなことを考えた時期だったよと、ありのままで胸張って生きていけるような糸口をつくっていくことこそ大切だ」「弱っている時は、大人からこうしたらどうと言われると、いやと言えないのだ。うなずくことしかできない。……無理するな、無理するなが基本」「何のために家庭訪問をするのか。不登校の子の数を減らすためではないだろう。その子の生活が知りたいから足を運ぶ。あなたといっしょに生きていきたいということだろう」……。

石川さんは、やがて部落出身であるという社会的立場を自覚し、獄中で猛勉強して文字を獲得しました。〝第二の石川さんを育てる〟――これもまた、同和教育に携わる教師の教訓です。

「部落の子どもたちが主体的に立ちあがるのは、いわゆる基礎学力ができ、差別が歴史的に科学的にわかり、しかるのちに立ちあがるのではない。それでは読み書きさえ与えられなかった部落大衆は、出発から解放運動を断念せざるをえない。そうではない。逆である。子どもたちに差別への怒りがあり、解放の学力が与えられるなら、そこから学問をとらえる。与えられ、ゆがめられた差別的な学問があれば、それと闘う。それが教育全体、学力全体を貫く」（中村拡三『解放教育の実践』部落解放研究所）。

幸せになるために学ぶ。みんなが幸せになる世の中を創るために、なかまと手を結ぶ。どうか、石川さんと出会った2人が、そして狭山事件を学んできた2組の全員が、石川一雄さんの闘いを胸に、2組解散までの2ヵ月の日々を大切に大切に重ねていってくれることを……。

（二年二組学級通信「すいみゃく」二〇一六年一月二五日）

私の退職記念公演として、M中の体育館で上演する『ホームレスの同窓会』。私といっしょに舞台に立ち、この公演をしきってくれているのがBだ。そのBに、二学期の「道徳」の時間、二年二組に来てもらった。中学時代、「非行」少年だったBもまた、いろいろなことをくぐって今がある（中学卒業後、親元から離れて、大工になるために親方の家に住み込む。何日もつだろうかとの私の心配をよそに、数年後、Bは、私のためにと自分で作った本箱を届けてくれた。成長した姿に驚いた。今は、親方の下からも独立し、自分の腕で家一軒建てられるほどの職人になっているBだ。本箱は、今も私の書斎の隅に置かれている）。私の最初の教え子であるBから、最後の教え子になる二年二組の子どもたちに人生を語ってほしいとの私の願いに応え、教室で語ってくれた。

先生の最初の教え子から最後の教え子へ

先日の「道徳」の時間に、先生の最初の教え子だったBさん（愛称ヘビ。「すいみゃく」

15号で紹介したBです）に2組の教室に来てもらい、自分史を語ってもらいました。中学校卒業から33年、間もなく48歳になるヘビの話——岩崎先生の薄っぺらな「道徳」より、よほど人生の真実に迫る話でした。

・悪いことをいっぱいやった中学時代。でも、本気で叱ってくれた先生方がいた。しつこく関わってくる先生方がいた。感謝している。

・学校のそばに住んでいた岩崎先生の家は、俺たちの居場所だった。汚い部屋だったけど、なぜか居心地が良かった。本ばかり並んでいて、俺たちはそこから漫画『はだしのゲン』を引っ張り出して、ボロボロになるまで読んでいた。「非行」に走っていた俺たちだけど、戦争はいけない、差別はいけないといつも言っていた先生の言葉は、心のどこかに残っている。

・人を救うのは人。俺がいじめを悔いたのも、４人の友達からの忠告だった。

・嫌なことは嫌という勇気をもつことが大事。

・時には逃げてもいい。挫折もある。いろんなことにぶつかりながら、自分に自信がもてるように力をつけていってほしい。

・中卒で、親元から離れての大工の修業。正直、辛かったし寂しかった。何度もやめようと思った。でも、やり続けた。そして今に至っている。今の自分がある。みんなも自分なりに1本の筋をもつことだ。

・どんな困難も、とらえ方次第でプラスにできる。

・当たり前のことが当たり前にできる幸せを感じてほしい。身近な人が病気になったりケガをしたりすると痛切に思う。今を大事に生きてほしい。

……

以下、みんなの素敵な感想です（「あゆみ」にもたくさんの子が感想を書いてくれていました）。

■ヘビさんはとてもこわいけど内は優しい。（S・O）

■小さいときたくさん苦労した人は、大人になってから強い人に変われるんだなあと思いました。高校へ進学しないで中卒で就職をするなんてとても不安だったと思うし、……でも、辛いからといってにげ出さず、がんばっていたヘビさんがとてもすごい人に見えました。（Y・T）

■「自分の思いはしっかり相手に伝え、自分の考えは大切にしていく」という事はとても印象に残りました。自分はあまり自分の考えや思っている事を人に言う事は苦手なので、今後はできるだけ自分の考えを相手に伝えられたらと思いました。（N・H）

■勇気をもって自ら進むことで見えるものも変わるのかな?とも思いました。変わることは大変だし、それに勇気もともなうし、それをのりこえたヘビさんはすごいなと思いました。強さってこうゆうことなのかなと思いました。（H・M）

■ヘビさんのお話を聞いて、人は変われるのだと思いました。（S・M）

■今日のヘビさんのお話をきいて、自分はもっと強くならなくてはいけないなぁと思いました。心をきたえたいと思います。ヘビさんの生き方をかならずきおくして、将来、やくに立つようにしたいです。自分の考えをしっかり伝えられる強い人間になりたいと思います。（A・M）

■Bさんのお話を聞いて、たくさん学ぶことができました。これからは、嫌なことは嫌だとはっきり言ったり、強い心をもっていこうと思えました。（R・Y）

　あの日（ヘビの中学校卒業の日）、卒業式後の最後の学活で、こんな最後のメッセージを送った先生でした。「……さようなら、3年3組の素晴らしい仲間たち。数年後の再会が楽しみだ。僕の最後のメッセージ……。君達は銃をとるな!!　生きることに固執せよ!!」そして、『固執♬』を歌ってお別れしました。

「思ってみよう　よき日のことを　俺たちの時代が来るってことを　古いものはいつでも滅びゆくのさ　新しいもののまえから　よき友よ　語り明かそう　こんな世の中だなんてあきらめないで　ただただ生きることのみに固執しよう　何かが見えてくるだろう　ただただ生きることのみに固執しよう　何かが見えてくるだろう」（3年3組「すいみゃく」1983年3月15日）。


　あれから30数年。先生の最初の教え子だったヘビの人生に拍手です。

「教育は、子どもの中にその子の拠点になるものをつくることではないか」（吉岡忍『もう学校にはいられない――聖職を去る教師たちの証言』）――先生は、ヘビと向き合い続けていたあの時と変わらず、君たちの中に、君自身の拠点になるものをつくる営みを続けていきたいと思っています。先生の最後の教え子になる君たちへの最後のメッセージを送り、

『固執♬』を歌うお別れのその日まで……。

（二年二組学級通信「すいみゃく」二〇一五年一〇月三〇日）

私の学級通信のタイトルは、ずっと「すいみゃく」だった。担任を持った一二三回、「やがて荒野に〝水脈〟を求め、歴史を前に進める人間になってくれるだろうことを願いつつ」書き続けた「すいみゃく」。最後の担任二年二組でも、三八号を出すのがやっとだった。最後の「すいみゃく」には、こう綴った。

ひとあし　ひとあし　前へ行く

2年2組の幕が降ろされます。

思えば、昨年4月8日の学級開きに先生は、君たちにこんな風に語りかけました。「2組の教室から見える校庭の桜。……2年2組のなかまたちとの、大切な大切な日々が始まります。……あったかいクラスを。そして、賢い人間に。……来年3月、2組解散の日、再び芽吹き始めているだろう校庭の桜を、どんな思いで見つめているでしょうか。君自身のささやかな、でも確かな歩みを……」と（「すいみゃく」1号）。

再び芽吹き始めた校庭の桜を、君は今、どんな思いで見つめているでしょうか。

1年間の君と2年2組の歩み――成功も失敗も、歓喜も悔恨も……1つひとつが消し去ることのできない、君と2年2組のかけがえのない歩みだったのです。もちろん、先生にとっても……。力不足で、君たちの力にどれだけなれたのか心もとないけれど、〝すいみゃく〟を通して送り続けたメッセージが、君たちの心に少しでも届いていたのなら、こんなにうれしいことはありません。

どうか、人を憂える優しい君であってください。しっかり学び続け、賢い君に成長していってください。そして、荒野に〝水脈〟を求め、歴史を前に進める君になっていってください。

さようなら、2年2組の素敵ななかまたち。

まもなく4月。君の人生を見つめていく中学3年生のスタートです。きっと、「前を向いて行く」君であってください。

教師生活の幕を降ろす年になる先生も、最後の力をふりしぼって君たちと歩んでいきたい。〝魂の技師の仕事〟（国分一太郎）に誇りをもって、「前へ行く」。そう思います。

1年間、ありがとう。

――君ひとの子の師であれば

とっくに　それは　ごぞんじだ。
あなたが　前に行くときに
子どもも　前を向いて行く。
ひとあし　ひとあし　前へ行く。

（国分一太郎『君ひとの子の師であれば』新評論）

（二年二組学級通信「すいみゃく」二〇一六年三月二五日）

12　Uたちと立ち上げた子ども会

R中での教職生活最後の三年間、体も心もヨレヨレだった。年齢の問題だけではない。ブラック企業化する学校現場、行政や管理職に唯唯諾諾の職場状況に何も抗えず、創造的な仕事もできずにいる自分への苛立ちと疲労感をずっと感じながらの日々だった。Tとの約束だけは果たしたい、子ども会を立ち上げたい、その思いだけで、消えそうになる炎を何とか燃やし続けていた。

一年目。E先生のクラスにSがいた（E先生のこともていねいに記したいが、できない。私の力不足で、つながりきれずにいる）。小学校三年生の時から、あまり登校していない。E先生が懸命に連絡し登校を促すも、二学期の登校は半分以下、三学期は六日だけだった。副担任だった私は、E先生といっしょに家庭訪問に行くこともあったが、SやSの家族の暮らしに向き合うことができるようになったのは、E先生がR中を去る直前だった。Sは、小学校二年生の漢字を書くことも困難だった。部落差別の結果、学力を奪われ、不当逮捕された石川一雄さんと、教師の残酷さを思う。何人もの子どもたちを切り捨ててきた私の教師生活の冷たさを思う。「S、勉強しよう」。E先生と相談し、Sに働きかけ、Sの自宅で週一回の勉強会を始めた。

二年生になり、私が担任をすることになる。ひたすら家庭訪問を繰り返し、母にも父にも兄や姉にも会って話ができる関係になった。母は一九歳の時、単身、フィリピンから日本に来た。日本人の父とは、Sが小四の時に離婚。母の夜の仕事の収入と、Sが母の恋人と言うブラジル籍の男性の収入で暮らしているという。昨年度から積み重なっている滞納は、相当額になる（この年も、Sだけでなく、滞納する家庭への対応にとても苦慮した。が、義務教育は無償が憲法の原則。教育に金をかけない、子どもを大切にしないこの国の政治のあり様こそ問われなければならない）。

離婚した父と会った時、父は、こんな風に語った。「先生、恥ずかしいのだけれど、私、無職なんです。この年になって親に養ってもらっていて情けないです。……Sは自衛隊に入れたいと思っています。上の二人の兄はどうしようもないから、Sは、国のために役に立たせたいと思っているんです」と。

小学校の卒業文集にSは、「自衛隊に入る。これが僕の夢です。……」と綴っている。安保法案が衆議院で強行採決されたのは、父からこんな話を聞き、Sに文集を見せてもらって間もなくだった。Sを学校に来させなければと思う。少しでも学力をつけなければと思う。毎朝、Sの家に出向き、寝ているSを起こして学校に連れてくる。そんな一学期だった。まったくわからない授業に参加し続けるS。それでも、週一回の放課後の勉強も拒否することなく続けるS。母のふるさとのことをうれしそうに話すこともある。仲間をつなげていきたいと思う。

Oも気になる生徒だ。勉強を拒否し続けるOは、朝読書の時間から机に伏せている。教科の授業も、ほとんど伏せ続けている。小学校低学年の漢字を書くことにも苦労するOは、成績はどうせ全部1だからと自分を卑下し、投げやりな言動も目立つ。級友とぶつかる場面も少なくなかった。Oが小一の時、両親は離婚。父とO、弟、二人の妹の五人で公団住宅に暮らしている。近くに住む祖母が身の回りの世話をしている。私が家庭に行くと、恐縮するほど深々と頭を下げる祖母だ。Oの背景には何があるのだろうか。Oも担任になり、週一回、放課後二〇分だけ勉強を教えてきた（逃げてしまうこともしょっちゅうだったが）。SとOを、そしてUをつなげたいと思った。

私のクラスで守っていきたいと思ったU。Uがいたからこそ立ち上げる決意をした子ども会だった。しかし……。本著には、以下のことしか記せない（昨年の第六八回全人教大阪大会。私にとって、最後の報告者としての参加だった。そこでは、私にとってのUやUの家族との最も大切なその時々のことを報告した）。最も大切なことを記すことができる関係をつくりえなかった無念、私の至らなさをかみしめて生きていかなければならないと思っている。

Uは、中学入学以来、いろいろな役を引き受け、活躍していた。私の授業にも熱心に向き合い、夏には、「ヒロシマに学ぶ埼玉子ども代表団」の一員として、私といっしょにヒロシマの地にも立った。私の目にはずっと、陽気で、しっかり者のUとして映っていた。

一年生の二学期末、「突然」休み始め、登校しても教育相談室で過ごす日々が続く。部活動内のトラブルがUのクラスにも波及し、様々な言葉が飛び交う中で追い詰められていったU。担任や生徒指導担当と、その都度、名前があがった生徒と話をするが、互いの言い分も食い違い、事の真相がつかみきれない。Uと、教育相談室でいっしょに給食を食べる日々が続く。Uは一見明るく、本音を語らない。いや、語っていたのであろう大切な言葉を受け止められなかった私だったのだ。私は、Uの心のありかに気づけなかった（今も気づけていない）。あの時、Uの様子をとても心配していた母が、「この子は、外は強く見えるけれど、中はすごくもろい子なんです」と語り、小学校時代にいじめられていた事実、そのストレスで、自宅で意識がなくなり、何度も救急車で運ばれたこと、先日も、病院で吐き、意識を失ったこと等を訴えてもなお、受け止めきれない私がいた。何も「解決」することなく、一年生のクラスは解散。二年生は、私が担任をすることになった。

新しいクラスがスタートして間もなくのこと。放課後の誰もいなくなった教室で、昨年度、Uの隣のクラスだった生徒が私に言った。「先生、Uはいじめられていましたよ」。同じクラスだった生徒にも話を聞いた。Uの母への不当なうわさ話があることまで語った生徒もいた。Uを私のクラスで守りきらなければと思った。母や父と出会い直し、正面から向き合っていかなければならないと思った。仲間をつなげていかなければならないと思った。Uは学年委員になり、一生懸命クラスをリードしてくれた。私の呼びかけに応え、自由参加で行った「原爆の図　丸木美術館」訪問にも参加し、楽しい時を過ごした。二組が大好きと言ってくれるUだった。

が、そんな日々は一ヵ月だけだった。五月の連休が明け、Uの表情が曇りがちになった。部活動内での部員の言動に傷つき、クラスに波及した昨年度の恐怖がよみがえったU。もう限界だったのだろう。ある日の夕方、学校に出向いた母とUは、「先生、転校することにしました」と私に告げた。必死で引き止めた私。しかし、決意は固かった。Uが転校して間もなく、嫌なうわさが飛び交う。Uが転校する直前に起きた、ある生徒の上履きが水浸しで下駄箱の外に放置されていた事件。やったのはUだと。さらには、U自身が、転校先の学校の友達に、自分がそんなことをして転校してきたと言っているということを聞いたと。私はUに、転校してからも度々会っていた。Uの表情を見ながら、ありえないと思う。いや、もしかすると、それほどまでにUは深く傷ついているのだろうか。六月はじめ、母と会う。二人で何時間話し込んだだろうか。大切な時間だった。Uの成育史、Uへの思いを改めて語ってくださった。ご自分のご両親のこと、夫との関係、……辛い思いを吐露してくださった。何も見えていなかったUの真実に出会い直していくスタートにしていきたいと思った。

Uが転校することになる直前、私は、「Sといっしょに勉強してくれる子はいないかな」とクラスに投げかけた。「やってもいいですよ」と、真っ先に名乗り出たのがUだった。Uは、転校してからも、そのことを気にかけてくれていた。そうだ、SとOとUをつなげよう。小さな子ども会を始めよう。そう思った。三人とも、名前に「つ」がつく。「三つの会」と名づけた。

六月一七日、集会所の一部屋を借りて、週一回の勉強会をスタートさせた。UがSを教え、私がOを教える。Oの祖母がいつも用意してくれる軽食を食べながらの和気あいあいの勉強会。三人にとって、互いの思いを語れる居場所にしていきたい。六月一七日は、五年前、Tに出身を伝えた日だ。Tの思いに応えられる素敵な解放子ども会にしていかなければと思う。

一一月、久しぶりにTに会うことができた。一〇月に結婚したTは、父親になる日も近いと言う。「Tに出身を伝えたのは五年前の六月一七日だったけど、昨年の同じ六月一七日に、R集会所で子ども会を立ち上げたんだ。三人の子と週一回集まって勉強している。

早くTに伝えたいと思っていた」と話した。Tは、「俺と同じ運命になった奴がいるか」と笑顔で返してきた。毎週必ず集まっている「三つの会」。Tに話してもらう場がつくれないだろうか——そんな私の心を感じ取ったのか、Tは、「俺は行かないよ」とも返してきた。

二学期。真っ黄色に脱色したSの髪の毛を元に戻すことからのスタートだった。ある日、Sが、「三つの会」に一人の少年を連れてきた。父親のDVに耐えかねて家出した一つ上の先輩だった。Sの兄宅、やがてはS宅に泊まり続けていた少年と何度も話し、担任や少年の母親とつなげ、一ヵ月以上かけてようやく家に戻した。Sの母は、以前私にこんな風に語ったことがある。「日本に来るまで暮らしていたフィリピンの村は、隣近所がみんな家族のように助け合っていた。日本は冷たい。息子のことを悪い子のように見る。この子はとっても優しい子なのに、そういう目で見られてかわいそう。私は、この子がいるから頑張っているのに悲しい……」と。そんな母だから、Sの先輩である家出少年を放っておけず、「人に優しくすれば、きっと自分たちにも良いことがあるから」と、S宅でしばらく生活させていたのだ。一九歳で単身渡日して二六年。冷たい日本の社会での生活は並大抵のものではなかったであろう。必死で生きてきたその歩みを語ってくれたこともあった。Sに寄り添い続けることで、母の思いに少しでも応えていきたいと思う。

少年が自宅に戻った直後、今度は、やくざとの関わりのあるSの兄がS宅で暮らすようになった。組織から追われているという。Sの枕元には包丁が置かれている。聞くと、「何かあった時のために……」と答えるS。

そんなことが続き、昼夜逆転する生活。酒や煙草も覚え、Sは私が朝迎えに行っても、登校できなかったり拒否することが多くなった。強く迫っても、「いいよ、いいよ」と逃げる。「勉強なんかやったって仕方ないよ」と言う。叱りまくり、強引に着替えさせて引っ張り出したことも何度かあった。それでも「三つの会」には来る。小学校二年生の算数や国語の勉強を言われるままにやるSだ。学校には半分も出席できなかったが、体育祭では大縄跳びの優勝を喜び合い、合唱祭もみんなといっしょにステージに立ち、最優秀賞の喜びの中にいた。職場体験にも参加した。登校した日は、授業にも黙って教師の話を聞く姿がある。ある日の「道徳」の授業（私の育休体験を通して、男女共生社会を考えさせた）の感想には、「岩崎先生が育休と言った時、すごいとおもいました。だって、ほかのやつらにぐちぐち言われたりしてもしたし、……すごいっすよね」と書いた。でも、こんな日々の繰り返しでいいのだろうかと思う。どう仲間をつなげていけるのか、どうSの心深くに迫っていけるのか、悶々とする私がいる。

転校したUも、「三つの会」には必ず足を運び、SやOに勉強を教えてくれていた。夏には、前年に続き、私といっしょに「ヒロシマに学ぶ埼玉子ども代表団」に参加し、被爆の実相に再び向き合った。一〇月には、私が関わっていた劇団の朗読劇の公演にも母といっしょに見に来てくれた。転校先では生徒会役員になって頑張っている。時々、Uの大好きな餃子をご馳走しながら二人でおしゃべりをするが、R中での苦悩の日々を思い心配する私をよそに、「悩み、何もないよ」と笑顔で話す。でも、ふと見せる寂しげな表情がとても気になる。

年も明けた二〇一六年一月六日。この年の最初の「三つの会」の後、私はUを餃子に誘った。一四歳のUは、自分のこと、家族のこと、将来のこと……、その思いを一生懸命言葉にしてくれた。大切な時間だった。そして二日後、私はもう一度、母と向き合い、Uの思いをていねいに伝えた。私の思いも伝えた。

Uを自宅に届け、帰宅する途中、Tから電話がある。「ばあちゃん、一昨日から熱を出して入院している。今はもう意識がない状態。伝えなくっちゃと思って。葬式の日時が決まったらまたTELする」と。「T、最後、しっかり見届けるんだぞ」と返すのがやっとだった。T宅を訪問すると、いつでも温かく迎え入れてくれたTの祖母は三日後、八四歳で亡くなった。

三学期。Sは、今度は髪の毛をモヒカンにし、なかなか直さず、登校できない日が続いた。

Oも、授業中、相変わらず机に伏せている。家族の世話をしていた祖母が病気で入院し、父は仕事で家を空けることが多く、そんな中で、OはOなりに、小さい弟や妹の面倒を見ながら頑張っているのだろう。伏せているOが、背筋を伸ばしてこちらに顔を向けることもある（Tもそうだった）。狭山事件を話した時は、顔つきが違った。石川一雄さんに会いたいとも言ってきた。「三つの会」で再度学習もし、狭山の新年交流会に連れていった。

しばらくして、頭を丸めたS。クラスの仲間が朝早く、私といっしょにSを起こしに行ってくれた日もあり、三月になると、Sもようやく継続して登校できるようになってきた。

しかし……。

そして、四月。私にとっては、教師生活最後の一年がスタートした。私は、三年の副担任になった（長い教師生活、生徒支援教員であった時を除くと、自分から副担任を希望したのははじめてだった。心身ともにもういっぱいだった。黒子に徹しようと思った）。「三つの会」だけは大切にしていこうと思った（それ以外に何ができたのだろうか……。一つだけ記しておきたい。教職生活最後の年に、もう一度取り組みたいと思っていた埼玉朝鮮初中級学校との交流を、学年集団として進められたことは良かったと思う。ヘイトスピーチが横行し、また、補助金を凍結することで、朝鮮学校に通う子どもたちの学ぶ権利をも侵害するこの国のあり様を変えていかなければならない。「……朝鮮の伝統舞踊を見せてもらった時に、その踊ってくれている女の子が、すごく可愛い笑顔で、その笑顔を見た時に、心から『差別はまちがっている』と思いました。……朝鮮人の子が、胸をはって朝鮮人だと言えるような日本を望んでいます。……大人になって、もう一度会った時に、笑顔で握手ができるような人になっていたいです」（生徒の観想から）。交流を通してまかれた種は、この子たちによって育てられ、やがて花を咲かせてくれることだろう）。

「アンニョンフェスタ 2016」。埼玉朝鮮初中級学校創立 55 周年記念へ（2016 年 10 月 23 日）。

埼玉朝鮮初中級学校の中 3 の生徒さん、R 中へ（2016 年 11 月 15 日）。

第68回全人教大阪大会。

しかし、今、私の気持ちは重い。

三年生になり、今度はまゆ毛をそったS。同級生とのトラブルもあり、ほとんど登校しなくなってしまった。新しいクラスになって数日だけの登校（それでも、修学旅行には何とか参加した）。副担任になった私が寄り添いきれていないのだ。「三つの会」に、かろうじてつながっているSだ。

そして、ずっと気になっているUのこと。三月になり、体調をくずして「三つの会」を休んでいたUが、その後、顔を出さなくなった。もう、一年が過ぎようとしている。一度だけ、外で偶然姿を見、声をかけた。「受験生だから」と戸惑いながら答えるU。笑顔も見せてくれたが、表情は硬かった。あれから半年。どうしているのだろう、U。

私は、Uひとり守れなかった。Sひとり学校に戻せなかった。Oひとり背筋を伸ばせられなかった。

三月はじめ、Tから女の子誕生の知らせをもらった。うれしかった。さっそくお祝いを届けた。それから約一週間後、Yのお母さんが五七歳で病死した。一ヵ月ほど前に、「埼玉県教育集会所文化交流会　二〇一六みなくるフェスタ」で、いっしょに舞台に立ったのが、お会いした最後になってしまった。部落解放同盟北足立郡協女性部のみなさんと、朗読劇『女たちの埼玉水平社』を発表した。Yがフロアから見守る中、成塚亀吉の妻役を素敵な声で朗読されたお母さんだった。二〇〇五年の第五七回全同教宮崎大会で、ごいっしょに報告させていただいたお母さんと共有し合った「解放子ども会」の再開。Yに一度、「三つの会」に来てくれないか頼んでみようと思っている。むらに生き続けたお母さんの思い、狭山を闘い続けるお父さんの思い、そして、Y自身がくぐってきた歩みを後輩に伝えてほしいと。お母さん、そんな場を必ずつくっていきますよ、と心の中で誓った。Tもきっと、赤ちゃんを連れて来てくれるだろう。Uもいつかきっと……。

おわりに

〝支配したり服従したりしないで、それでいて何者かであり得る人間だけが本当に幸せであり立派なのだ〟（ゲーテ）――私がずっと自分自身に課し、子どもたちに求めてきた生き方だ。

二〇一八年度から道徳が教科化される（中学校は二〇一九年度から）。副読本が教科書になり、子どもたちの内面を評価することになる。内容への介入が進むことは、戦前戦後の教育史を見れば明らかだ。現場からは、懸念の声は聞こえてこない。いや、むしろ、道徳教育を嬉々として進めている。私には、「世の中に適応せよ」「従順であれ」と、子どもたちにひたすら刷り込んでいるようにしか思えない。

道徳とは何か。「人類の道徳の根本には、奴隷制度がある。……主人はそれを正当化したかったし、奴隷もみずからの境遇に納得がいくような理由がほしかった。そこでつくり

『ホームレスの同窓会』の練習に励むBと筆者（M中体育館）。

だされたのが道徳である。……人類の脳髄には、奴隷根性がたたきこまれている」（大杉栄『奴隷根性論』）。

この国は、かつて多くの良心的な教員を弾圧した歴史を持っている。昭和初期、東北地方を中心に、貧しい農村の現実を直視し、それを乗り越える力をつけさせようとして始まった生活綴り方運動を推進した北方教育の教員たち。「貧乏なことを子どもたちにわからせてはいけない」「社会の仕組みを子どもたちに教えてはならない」として、治安維持法違反に問われ、多くの心ある教員たちが検挙され、教育の場から追放された（国分一太郎『小学教師たちの有罪――回想・生活綴方事件』みすず書房――必読書と思う）。そして、北方教育と対極にあったのが、修身を中心とする忠君愛国の教育であった。

今また、この国の危うさを思う。

為政者が公然と進める反（非）道徳（違憲の戦争法の強行採決、武器輸出、原発再稼働、沖縄の弾圧……）に対決すること抜きに、どうして子どもたちに道徳を語れようか。貧困の中で生きている六人に一人の子どもたちに、貧乏を認識させなければならない。社会の仕組みを教えなくてはならない。声を上げ、行動を起こしていくことの正当性を自覚させていかなくてはならない。そして何よりも、困難を背負い、教室の中で最もさみしい思いをしている子に寄り添い、出口を見出せる実践が進められなければならないのだと思う。目指すべきは、大杉栄が生涯取り組んできた奴隷根性からの脱却と道徳の解体だ。

本著のタイトル『ひとあしひとあし前へ』は、国分一太郎の著書である『君ひとの子の師であれば』からひいた。思えば、どうしようもなく不器用な私の「ひとあしひとあし前へ」と進んだ、この子たちとの三七年の歩みだった。二〇一七年三月三一日、人知れず微笑みながら、教壇を静かに去りたい。

Ｉ　「あっ、除夜の鐘だ」
岩崎　「今年も、もうすぐ終わる。来年はどんな年になるかな。いや、どんな年にするかって考えなくっちゃな」

（『ホームレスの同窓会』）

中・高生の頃から役者になるのが夢だった。生まれかわったら役者になりたいと思い続けてきた。還暦になり、もう一度、夢を見ている。人生の終わりまで、舞台から、抵抗と創造を続けていきたいと……。

二〇一七年三月三日　全国水平社創立九五年目の日に

【追記】

全人教大阪大会から帰った翌日だった。Bから連絡が入る。『ホームレスの同窓会』できなくなる」と。Cの周辺で「事件」が起き、Cは参加することが困難になった。Iもキャストとして舞台に立つことができなくなった。中止もやむをえない……。そんな危機を救ってくれたのも教え子たちだった。C、I、Bを側面から支え、裏方の仕事を進めてくれていた彼らの仲間たちが、何度も話し合いを重ね、動き出す。若い教え子たちも力になってくれる。Cの代役は、R中の現役三年生の教え子が、また、Iの代役は、三年前のM

中の教え子が担うことになった。私の教師生活三七年がそうであったように、「岩崎先生の退職を祝う会」も子どもたちに助けられ、何とか当日を迎えられそうだ。三月一九日、M中体育館はどんな空気に包まれるのだろう。フロアの隅で舞台を見つめているかもしれないC。そして、きっと見に来てくれるだろう由美ちゃんや正志、優君、誠、麻衣たち。この子たちとの最後の授業として、思いを込めて舞台に立ちたいと思う。

【著者略歴】

岩崎 正芳（いわさき・まさよし）

1957年埼玉県生まれ。埼玉県公立中学校教員。

同志社大学文学部文化学科卒業。1980年より埼玉県公立中学校教員。

埼玉県人権教育研究協議会会員、埼玉教職員組合（日教組埼玉）組合員。

ひとあしひとあし前へ
── この子たちと歩んだ37年

2017年3月3日　第1版第1刷発行　※定価はカバーに表示してあります。

著　者──岩崎正芳

発　行──株式会社 解放出版社

〒552-0001　大阪府大阪市港区波除4-1-37　HRCビル3階
TEL　06-6581-8542　FAX　06-6581-8552
東京営業所　東京都千代田区神田神保町2-23
アセンド神保町3階
TEL　03-5213-4771　FAX　03-3230-1600
振替　00900-4-75417　ホームページ　http://kaihou-s.com

装　幀──下村敏志

印刷・製本──モリモト印刷株式会社

ISBN978-4-7592-2163-3 C0037 NDC370 p19cm